大学生思想政治教育系列丛书

重遇大学的自己

——辅导员与学生成长故事

董　琛　兰适先　郭凤臣 ◎ 著

中国纺织出版社有限公司

内 容 提 要

本书是一部生动展现辅导员与大学生共同成长历程的著作。作者通过精心挑选的多个真实案例，生动展现了高校学生与辅导员之间的点滴互动，以及这些互动如何影响并塑造了学生的人生轨迹。

本书以学生成长历程为视角，分为励志、学生干部成长、就业、职业规划四个章节，全面而深入地涵盖了大学生活的关键领域。本书可作为辅导员培训课程教材使用，也可作为高校思政课程教材使用。

图书在版编目（CIP）数据

重遇大学的自己：辅导员与学生成长故事／董琛，兰适先，郭凤臣著 . --北京：中国纺织出版社有限公司，2024.11. --（大学生思想政治教育系列丛书）.

ISBN 978-7-5229-2265-2

Ⅰ. G641

中国国家版本馆 CIP 数据核字第 20248TE739 号

责任编辑：苗　苗　　责任校对：寇晨晨　　责任印制：王艳丽

中国纺织出版社有限公司出版发行
地址：北京市朝阳区百子湾东里 A407 号楼　邮政编码：100124
销售电话：010—67004422　传真：010—87155801
http://www.c-textilep.com
中国纺织出版社天猫旗舰店
官方微博 http://weibo.com/2119887771
三河市宏盛印务有限公司印刷　各地新华书店经销
2024 年 11 月第 1 版第 1 次印刷
开本：787×1092　1/16　印张：9.5
字数：170 千字　定价：88.00 元

却顾所来径，苍苍横翠微

在时光的流转中，大学岁月宛如夜空中的璀璨星辰，光芒照亮了我们前行的道路。那段青涩而充实的时光，我们与学生并肩同行，相互陪伴，共同成长。作为高校辅导员，我们不仅是学生学习道路上的引导者，更是他们生活中的朋友与倾听者。我们见证了他们的成长与蜕变，深切感受到了作为教育工作者的喜悦与满足。

此次，我们精心编撰了《重遇大学的自己——辅导员与学生成长故事》一书，旨在通过真实的案例，细致记录高校辅导员与学生之间的珍贵时光，并分享我们在学生管理工作中的经验与感悟。此书不仅是对辅导员工作的一次深刻回顾与全面总结，更是为广大学生、教育工作者以及即将步入大学校园的年轻人献上的一份宝贵礼物。

一、缘起与初衷

在持续不断的学生管理过程中，高校辅导员如同航海的舵手，时常面临诸多复杂且严峻的挑战。时而，学生会在学术的海洋中迷失方向，感到困惑与迷茫；时而，他们又会在人生的旅途中遭遇琐事、烦恼与沉重压力。每一位学生都是一颗独特的璀璨星辰，拥有各自的光芒与特色，这需要我们以耐心、关怀与智慧去发掘、去理解、去引导。

因此，我们决定将辅导员与学生之间那些情感深厚、富有智慧的真实故事编纂成册，旨在广泛传播给广大读者群体，特别是同样肩负着培育人才重任的高校辅导员们。我们寄望此书能在他们面对类似挑战时，给予一定的启发与支持，如同指引前行的明灯，照亮他们的工作道路。同时，我们也希望这本书能成为一扇窗户，让更多人深入了解辅导员工作的本质。辅导员不仅是学生的管理者，更是他们成长道路上的指引者和心灵导师。我们期望通过这本书，让更多人了解并理解我们的工作，共同为培养更多优秀人才而努力，共同谱写高等教育的辉煌篇章。

二、选题与编写

我们经过深思熟虑，挑选了一系列具有显著代表性的辅导员和学生的真实故事。这些故事不仅涵盖了学生在学习、生活、情感以及择业、职业规划等多个关键领域的经历与挑战，也深刻揭示了辅导员在处理这些问题时所展现的独到见解和有效方法。我们旨在通过呈现这些真实、鲜活的案例，使读者能够深切地体会到我们与学生之间建立的深厚情感纽带以及共同成长的历程。

在编写过程中，我们严格遵循了真实性和客观性的原则，努力还原每个故事的本来面貌，以确保读者能够身临其境地感受到当时的情境与氛围。同时，我们也充分注重故事的可读性和趣味性，力求使读者在轻松愉快的氛围中，深入了解我们的工作实质及学生们的成长轨迹。

三、意义与价值

这本书不仅是对高校辅导员工作的一次总结和回顾，更是对学生们成长经历的一种记录和传承。这些故事不仅记录了学生们在大学期间的点点滴滴，也反映了他们在成长过程中所遇到的困难和挑战。将这些真实的故事记录下来，不仅是对学生们的一种激励和鼓舞，更是对他们未来人生道路的一种指引和启示。

同时，这本书也为广大教育工作者提供了一份丰富的参考资料。通过这些故事，教育工作者可以更加深入地了解学生们的成长经历和心理变化，为他们提供更加精准和有效的教育指导。此外，对于即将步入大学校园的年轻人来说，这本书还可以作为一份实用的"大学生活指南"，帮助他们更好地适应大学期间的学习和生活。

四、期待与展望

这本书汇聚了珍贵的记忆与情感，它是对青春岁月的深情回顾，也是对师生情谊的深刻诠释。期待这本书能带领大家走进那些年轻的心灵，聆听他们的梦想与追求，感受他们的欢笑与泪水；期待读者能在这些关于成长、选择与坚持的故事中，看到高校辅导员的努力和付出，了解辅导员在学生成长过程中的重要作用，关注辅导员的工作，并给予他们更多的理解和支持；也期待这本书能够成为一座桥梁，连接起不同年代、不同背景的人们，唤醒他们内心深处那些关于青春和成长的美好回忆，重遇青春，重遇曾经的自己，不忘初心，坚定前行。

"却顾所来径，苍苍横翠微。"又逢一年毕业季，望着校园里即将踏上新征程的学子们，心中不禁涌起无限的感慨。四年的时光如白驹过隙，转眼间，他们已从青涩的大学生成长为怀揣梦想、勇往直前的青年。有幸参与他们的青春，有幸与他们一同成长。愿他们在未来的道路上，能够保持初心，砥砺前行，将青春的梦想转化为人生的动力，书写出更加绚丽的人生篇章。

陈景翊

2024 年 1 月于长春

前言

　　高等院校是为社会培养各类专业人才的摇篮，而学生管理工作是高等教育事业不可或缺的一部分。高校辅导员是高校学生管理体系中的骨干力量，是高校学生日常管理工作和思想政治教育工作的主要实施者。

　　党的十八大以来，党和国家修改和出台了一系列有关高校辅导员及高校思想政治工作的重要文件，如《普通高等学校辅导员队伍建设规定》《关于加强和改进新形势下高校思想政治工作的意见》等，明确了辅导员工作的职责，对辅导员的素质和能力提出了更高的要求。在实际工作中，辅导员不仅肩负着思想政治教育的重任，还负责日常的学生管理工作。与学生朝夕相处，他们既是学术上的导师，又是生活中的伙伴。其关键职责在于引导学生塑造健全的人格，确立正确的人生观，确保学生在健康的环境中茁壮成长，顺利完成学业，最终成为国家和社会所需的栋梁之材。

　　在日常的学生管理工作中，高校辅导员面对的是各具特点、各种情况的学生，所面临的问题也大多琐碎平常，但这些看似微不足道的事情，正是大学生学习、生活等日常问题的反映，如何才能迅速、妥善地处理这些问题，考验着辅导员的专业素养和工作能力，也会对学生的成长产生深远影响。

　　这些案例都是辅导员与学生之间发生的真实故事，与他们的日常工作和生活紧密相连，具有很强的针对性和实用性。对于大学生而言，这些案例为他们提供了解决类似问题的参考；对于辅导员而言，这些案例则是提升自我综合素质、增强处理学生事务能力的宝贵资源，通过深入分析这些典型案例，可以提炼出处理学生管理问题的有效方法和经验。特别是对于新入职的辅导员来说，这些案例更是极具操作性的指导手册，可以帮助他们少走一些弯路，更加高效地开展学生管理工作。

　　本书汇编了吉林工程技术师范学院部分辅导员在学生管理工作中所积累的精选案例。在编写过程中，对众多学生、辅导员及专业教师进行了详尽的交流与访谈，力求深入挖掘第一手资料。这些珍贵的素材生动地描绘了各类人物形象，揭示了他们背后的励志故事、成长轨迹、遇到的困惑以及取得的突破，从而更加凸显了辅导员工作的重要性和价值。

　　针对这些案例，我们采用了系统而缜密的编排方式，主要聚焦于学生成长的全过程，形成了四大核心章节，包括励志、学生干部成长、就业以及职业规划。在每个案例中，详尽地介绍了相关学生的基础信息，随后通过学生或辅导员的叙述，以亲历者的视角展现其成长经历与内心感受，旨在精准而真实地还原故事样貌，并深刻反映相关人物的真实情感与体验。

从学生的角度来看，这本书是展现他们大学生活全貌的绚丽画卷，记录着他们成长中的喜怒哀乐、酸甜苦辣。对于即将进入大学的学生来说，这本书可以让他们提前了解大学的生活和学习，为大学生活做好充分的准备。他们可以从这些故事中汲取经验和教训，了解并正确看待大学生活，珍惜宝贵时光，努力提高自己。对于正在大学中奋斗的学生来说，这本书可以给他们带来激励和启示，让他们明白在成长的道路上并不孤单，有辅导员和同学们的支持与帮助。对于已经毕业的校友们来说，这本书可以让他们回忆起那段美好的大学时光，重遇曾经的自己，感受青春的活力与激情。

从辅导员的专业视角出发，这本书无疑是对辅导员辛勤工作的深度记录与积极肯定。根据《普通高等学校辅导员队伍建设规定》的明确要求，辅导员需要致力于成为学生成长路上的指导者，同时也是他们健康生活的知心伙伴。辅导员的工作内容繁杂而细致，但其在高等教育中的重要性不可忽视。这份职业不仅是一种谋生手段，更承载着对学生成长成才的深切关怀与崇高使命。

我们始终秉持着这份使命感，不断锤炼自己的专业能力，严格审视自身言行举止，期望通过自身的爱心、耐心与智慧，陪伴学生们面对并解决成长过程中的各种挑战，与他们共度宝贵的大学时光，并见证他们逐步成长与进步的每一个瞬间。

在此，我们谨向所有为本书倾注心血和贡献力量的参与者表示诚挚的感谢。由衷地感激那些学生们，他们的信任与期望使我们得以参与并见证他们青春岁月的成长历程；同时，也对同事和领导们表达深深的谢意，是他们的无私支持与协助，使我们能够顺利完成本书的编写工作；此外，还要感谢所有关注本书的读者，是你们的关注与鼓励，让我们有持续前行的动力。

作者
2024 年 3 月于长春

目录

第一章

励志

"天行健，君子以自强不息。"古往今来，无数仁人志士在追求理想与实现自我价值的道路上，都曾留下励志篇章，为后来者提供了不竭的精神动力。励志是我们人生道路上不可或缺的精神动力。"励志"不仅是一个口号或者一个概念，更是一种精神力量和行动指南。要坚守初心，坚定信念；要勇攀高峰，不断进取；要塑造品格，砥砺前行。人生之途，有风有雨是常态，唯有保持坚守初心和坚韧不拔的励志姿态，才能在人生的道路上越走越远、越走越宽，才能走好自己的路。

孔明曰："非淡泊无以明志，非宁静无以致远。"在追逐梦想的过程中，面对诱惑和挑战，大学生们必须保持内心的坚定与清净，方能不忘初心，继续前进。据《中国青年报》调查，那些能够坚守初心、勇于追梦的大学生，无论在学业还是在未来的职业发展中，都显示出更强的适应能力和更优秀的成就。这也充分说明了坚定信念的重要性。

回望波澜壮阔的历史长河，无数杰出的人物为我们树立了光辉的榜样。他们面对重重困难和挑战，毫不畏惧，毅然前行，以坚毅的意志和卓越的智慧，书写了各自不朽的传奇。这些故事深刻地启示我们，唯有持续不断地挑战自我、超越自我，方能踏上通往成功的康庄大道。正如古人李白所言："长风破浪会有时，直挂云帆济沧海。"每一位在大学中奋力拼搏的学子，都如同海上的帆船，即便偶尔遭遇逆风，也终将披荆斩棘，抵达理想的彼岸。面对挫折与困难，我们必须坚定信念，以无畏无惧的姿态，勇往直前。励志是一个需要长期坚持的过程，它需要我们持之以恒的努力和奋斗。我们要坚定信心，相信自己的能力和潜力，不被短暂的挫败所击垮，积极寻求他人的帮助与支持，共同迈向更高的目标，实现个人与社会的共同发展。

励志的旅程，并非意味着盲目地、无策略地执着于某一事物。相反，它需要我们保持清晰的目标和明确的方向。目标如同启明星，不仅指示我们当前的位置，更为我们指明通往成功的路径。若无明确目标，我们则容易迷失方向，无法高效利用时间和资源以追求梦想。只有在明确了目标和方向的基础上，我们才能在励志的道路上保持清醒的头脑，有针对性地制订计划，并采取切实有效的行动。同时，亦需要不断评估和调整计划，以适应外部环境和需求的变化。唯有如此，我们的努力才能转化为实际的成果，而非徒劳无功。

"青青子衿，悠悠我心。"在此，我们诚挚地期许每位读者在沉浸于这些故事之中时，能够寻得内心深处的一片绿意盎然，深刻感悟他们如何通过实际行动，赋予"励志"以真实而深刻的内涵。这些故事将为您提供宝贵的经验教训，助您明晰在逆境中如何挣脱束缚，以坚韧不拔之志，勇敢追逐个人梦想，不断自我超越，最终实现人生的独特价值。

在未来的岁月里，我们应当坚定地秉持这份励志精神，坚持不懈地追求更高的目标，追寻更远大的梦想。同时，我们也应积极地将这份精神传递给周围的每一个人，激励和鼓舞更多的人。我们深信，只要持之以恒地努力，必将实现自己的梦想，共同创造出辉煌而美好的未来。

第一节

怀思树人恩，极目楚天舒

常同学，女，在班级里，她与同学们相处融洽。在学习上，她充满热情和好奇心，不断地学习新知识、新技能，提升自己的综合素质。她不仅注重课堂上的学习，更注重理念和实践的结合，学习成绩名列前茅，每学期都获得奖学金。在工作上，她认真完成部门给她的各项工作，帮助各年级同学处理团员转入转出、入党推优、对标定级等。在工作过程中，常同学不断总结经验，提升自己的综合素质。她一直注重团结协作，相信集体的力量是伟大的，可以克服更多的困难。她对每一项任务都全力以赴，相信只有用心去做才会取得成功。在生活中，她的生活态度始终是积极乐观的，注重劳逸结合，喜欢旅行，也注重个人的成长和学习。她认为生活是一个不断学习和成长的过程，她非常重视亲情和友情，认为家庭和朋友是生活中最重要的支撑力量。在思想上，她积极上进，是一名正式党员，始终坚守党的信仰和理念，以高度自觉的责任感积极参与活动，关注身边各种事情，严格要求自己，愿意接受各种新的事物、新的思想，勇于突破自我。

在充分掌握了她的基础信息之后，我们现在将继续深入，探寻她背后的故事。

常同学说，在她大一的时候，最期待的课程，就是每周两次的韩语课。她总是穿着简单的衣服，脸上总是挂着和煦的笑容，充满活力。正是这样，常同学对韩语这门课产生了浓厚的兴趣。

在一次课堂上，常同学惹出了一个很幼稚的笑话，本以为会引来同学们的嘲笑，但具老师却在认真地听完后大笑起来，并夸奖她说："你真是个很有幽默感的孩子。"那一刻，她仿佛找到了知音。

常同学因为发音不准确而倍感沮丧，甚至想要放弃学习韩语，但具老师并没有放弃，而是鼓励她，给她信心，纠正她错误的发音，并亲自示范发音，直到常同学掌握正确的发音方法为止。课后她也多次向具老师请教韩语的语法和单词用法，具老师总是耐心地为她举例分析，告诉她要多加练习。在具老师的耐心指导下，常同学逐渐掌握了韩语的语法和单词用法。

随着时间的推移，常同学和具老师的关系越来越好。具老师不仅在课堂上讲授韩语，还会在课后分享她自己的生活经验和故事。常同学告诉具老师自己的困惑，具老师则会耐心地给常同学解答。那些日子，具老师仿佛成了她生活中的指路明灯。

那天上完最后一节韩语课后，具老师把常同学叫到了办公室。具老师给了她一个拥抱，并告诉她："无论走到哪里，都要记得保持那颗善良和热爱的心。"课程结束了，常同学时常也会想起具老师的那些话，具老师的话就像一盏灯，照亮她前行的路。

第二个故事是她和另一位老师的。常同学说她第一次上影视赏析课时，老师是一位中年男性，眼神中透露出对学术的热爱和执着，仿佛能洞察一切，他就是——赵老师。

在常同学第一次上课时，赵老师放了一部电影的片段。那是一部十分经典的影片，常同学在上大学前就已经看过了，但让她没想到的是，这次观看会那样触及内心。随着电影情节的推进，赵老师逐个片段地解读影片中的深意，解读每一个细节、每个镜头背后的意义。这让常同学对这部影片有了更新、更深刻的认识。有一次常同学鼓起勇气向他请教了一个有关影视制作的问题，赵老师没有因为常同学是学生而轻视她的问题，而是用自己的专业知识耐心地为常同学解答疑问，并分享了自己的经验和见解。他鼓励常同学在这方面多加探索，让常同学学到了许多新的知识和技能，也深刻体验到了影视制作的艰辛和乐趣。在完成作业的过程中，常同学说当时因为某个问题与赵老师产生一点分歧，随后他们进行了长时间的讨论，最后虽然想法没有达成完全一致，但赵老师给予了常同学充分的肯定和鼓励，这让常同学更加明白，影视赏析不仅是一门学问，更是一种开放的思维和态度。

常同学还遇到了一位老师，是一位教定格动画的孙老师。常同学说，她们的第一节课上，孙老师没有着急让她们动手制作，而是给她们讲述定格动画的历史和发展。孙老师用生动的语言，将看似很生硬的知识点变得十分有趣。随着课程内容的逐渐深入，孙老师开始让他们动手制作定格动画。常同学说她制作角色动作时遇到了困难，自己改动了好多次细节都做不出来想要的效果。正当常同学十分疑惑的时候，孙老师走了过来，仔细观察了常同学的作品，并耐心地指导常同学某个位置应该改用什么材料制作才适合，才能看起来更加协调，并指出她动作设计上的问题。在孙老师的指导下，常同学重新设计了角色的动作，最后十分满意地完成了这个作品。常同学说她在制作人物和拍摄画面时都比较笨拙，导致画面抖动甚至影响视觉效果。然而孙老师从未对常同学失去耐心，总是微笑着鼓励常同学，并告诉常同学：定格动画就像生活，需要用耐心和细心去雕琢每一个瞬间。在孙老师长时间的耐心指导下，常同学逐渐熟练掌握了定格动画的制作技巧，开始尝试创作自己的作品，将自己的想法和创意通过定格动画的形式表达出来。

第二节
振擞自重雾，后起于微光

李同学，男，从小时候起，母亲谦虚严谨、细致谨慎的生活态度，父亲踏踏实实、为人忠厚老实的作风就深深地感染着他，教育着他。他就是在这样一个普通而又温暖的家庭中健康、幸福地成长。

从小学到大学校园，李同学与无数位老师相识，但随着自己的成长，他忘记了很多老师，但是他可能永远都不会忘了大学时候的辅导员。辅导员并不是李同学学业上的老师，却教会了他很多比学业更珍贵的东西。

大一刚进校园的时候，出于对大学新鲜生活的未知，李同学并没有将生活的重心全部放到学业上，这导致了他第一学期就挂科了。辅导员将他叫到办公室，说："李同学，你是服装设计1542的班长，但是你挂科是我没有想到的，你没有给你们班的同学作一个好的表率。"李同学羞愧地低下头："老师，是我没有好好重视学业，没有给班级同学作表率，是我的问题。"辅导员摆了摆手："你是我带的学生，没有好好关心你的学习，这是我工作的失误。我一直在反省我的不足，面对不及格挂科的学生，我也有着不可推卸的责任。"空气变得静悄悄的，只有辅导员惭愧自责的声音回荡在空气中。辅导员也许不知道，这番话让平时不努力、考试挂科了的李同学心里十分内疚——明明是他自己不努力，辅导员却在反省自己。这种敢于负责的精神成了李同学心中的一盏明灯，激发了他奋发学习、弥补过失的动力。李同学说："老师，您不要这样说，是我自己没有努力，是自己没有学好，您是一个负责任的好老师。我会好好复习通过补考的，以后的考试，不会挂科，平时一定好好学习，绝对不让您失望。"辅导员赞许地点了点头。后来，李同学果然再也没有挂过科，并在大学期间考取证书及在国家级、省级比赛中获得了良好的成绩。

李同学获得了国家级奖项四项、省级奖项两项、市级奖项一项以及校级奖项五项。

其中最重要的一次应该是他在国家级"中国买手大赛"中获得了金奖。他在大赛开始前在一个公众账号里发现了这个比赛，心里很想尝试。第二天，辅导员把他叫到办公室："李同学，我这里有一个比赛想让你去参加，是中国服装协会举办的一个'中国买手大赛'，想让你代表咱们服装学院去参加，也是代表学校去参加。"李同学说："老师，您觉得我行吗，这么重要的一个比赛？"辅导员笑了笑："你怎么不行啦？你的能力在学生里也是数一数二的，我想给你这个机会，让你锻炼一下。"听到辅导员充满信任的话，他顿时充满了信心："好的老师，我一定不让您失望。"

李同学在比赛前和一位指导老师、四名同学一起去了大连；从店铺的装修，到店面的陈列，再到货品的选购，李同学和同学们付出了很大的努力。他们每天早晨五点半起床，开始准备货品，七点到陈列展厅，布置店面，再到晚上八点最后离场，回到宾馆进行一天的审计，盘点第二天的进货数量，到很晚才能休息。比赛进行到最后的白热化阶段时，李同学正忙着招呼客人，没想到一抬头居然看到了辅导员。他一脸惊喜："老师，您怎么来啦？"辅导员笑笑："我还是不放心你们呀，跟系里请了假来看看你们。喏，这是给你们买的水，来，休息一下。"李同学和其他的同学都感到心里暖暖的。他更努力了，因为他想着，他是带着辅导员的信任，还有院系乃至学校的信任来到这里，他一定要好好努力。功夫不负有心人，通过一周的时间，吉林工程技术师范学院服装学院团队在全国十八个院系中脱颖而出，拿到了金奖。这份荣誉离不开团队的努力，离不开指导老师的指导，但是李同学知道，是辅导员对他的信任、鼓励，还有远道来探望的关怀，才让他更加干劲十足。

值得一提的是，吉林省的第三届"梦想杯创业大赛"，在本学院没有一支完整团队的情况下，李同学硬拉起一支团队，从大赛中一步步走了过来。每天除去上课时间，李同学和队友们都在奔走，进行大赛项目的比拼。大赛中的比拼项目有考察店铺的签约数，李同学带领团队从不好意思开始，到最后娴熟地签约了四百余户，仅用了三十余天。最终李同学的团队获得了三等奖，作为带领人的李同学也被任命为教育部高校毕业生就业协会全国大学生就业创业社团联盟委员会，吉林省创业社团联盟吉林工程技术师范学院代表副主席职位，任期两年。李同学从体育部的部员、部长到服装院主席，一步步走来，一步步成长。在这期间，他每天坚持出早操，并且接待了两届新生，作为代导，每天早出晚归。真诚、坚定、谦逊、朴素——这是李同学从辅导员身上学到的，也指引着他的人生之路。辅导员的思想和话语，每一次都能让李同学受益匪浅。辅导员在李同学的心里，一直是照顾着他、关心着他的形象。既然老师这么辛苦，李同学能为他做些什么呢？他知道，只有好好完成老师下发的任务，好好学习，才是对辅导员最大的回报，也是辅导员对他的最大期待。

岁月如歌，感念师恩。在今后的日子里，虽然李同学不会知道他的辅导员在校园中送走了多少学生，但他相信一位谦和、热情和认真的师者形象，将定格在每名学生的记忆里。

第三节
品良师之醇醪，纵时易亦如初

吕同学，女，任院权益部部长、班级班长兼团支书和辅导员助理。

时光荏苒，不知不觉间吕同学的大学生活已悄然逝去。四年的大学生活给了她很多挑战自我的机会，如院学生会的竞选，院里组织的演讲比赛，文化艺术节的文艺会演，主持人的演讲比赛等。这四年的大学生活里，在学习上她不仅收获了丰富的专业知识，多次获得国家励志奖学金、校级一等奖学金、校级三等奖学金等一系列奖项，也收获了友谊和成长，更重要的是培养了她坚韧不拔的毅力和责任感。在艺术与设计学院老师们的带领下，吕同学从一个懵懂的小女孩成长为一个为人民服务的共产党员，她的思想觉悟有了很大的提高。在日常学习方面，她注重思想教育建设，总是能注意到每一位同学的学习成绩变化，并深入了解学生们的需求，经常和各班班长讨论近期学习上遇到的一些困难问题并为同学们提供有针对性的建议和帮助，班会上也会着重和同学们强调专业学习的重要性。她说她也很荣幸通过老师和同学们的推选，参加了党课的学习，辅导员带领她们深入地了解党的性质、宗旨、奋斗目标和党员的权利义务等基本知识，让她对党有了更加深入的认识和理解。同时，她也意识到自己作为一名党员应该有的责任和担当。辅导员告诉他们，人生就像一场长跑，不在乎起点和终点，重要的是沿途的风景和成长。

"亲爱的同学们，恭喜你们成功考入吉林工程技术师范学院艺术与设计学院，从现在开始，你们便是学院中的成员了，在大学这个精彩的舞台，你们可以开始独立思考自己的人生了。"

那是吕同学和辅导员的第一次见面，她们是辅导员带的第一届学生。她说她记住了辅导员诚恳和明朗的笑容，从辅导员的谈吐和语言表达中感知到辅导员是一个很有亲和力的老师。军训作为入校学习的第一节课，辅导员同她们一起付出了许多艰辛和汗水。辅导员在新生入学教育期间为她们开了一场关于大学生活的班会。辅导员告诉她们在大学里要学会自我管理，要尽力发掘自己的潜能，同时也要珍惜大学时光。从大一开学新生报到到大四毕业典礼，从班会班干选举到班会总结，从大一军训到平日上课的突击考勤点名，再到宿舍内务检查等各种大事琐事，她说这一切背后一直都有辅导员的身影和辅导员的笑容，这些都烙在她们大学四年的青春纪念册里。她说辅导员就像启明星，照亮了她前行的路。

赵老师是影视动画专业的一名老师，也是吕同学毕业设计和毕业论文的指导教师。赵老师像导航者，指引着同学们在学术的海洋中探索未知的世界。大学四年，赵老师在专业上给予了吕同学很多帮助。她在课堂上聆听老师的教诲，为了知识而努力奋斗，那些日子虽然枯燥，却也充满了收获与成长。她从大一对专业知识的一无所知，最后在赵老师的指导下完成毕业设计微电影的创作，这对于吕同学来说受益匪浅。尤其是在毕业设计期间，从最初的毕业设计方向、道具的准备、场景的选择、论文选题，到后来的毕业设计的拍摄与剪辑、论文修改和定稿，是赵老师一步一步耐心地指导吕同学，从论文的排版、内容到最后的上传论文系统，是赵老师一点一点地指导帮助吕同学修改，她的毕业设计和毕业论文才能顺利通过。吕同学说，她记得在毕业设计最开始的那一阶段，她感到非常迷茫，不知道自己应该要选择什么样的内容，也不知道要呈现出什么样的作品，是赵老师用自己丰富的教学经验和专业知识一直鼓励和指点她，给她举了很多之前的例子，慢慢引导启发她找到自己的拍摄主题和方向。在准备答辩前，赵老师还安抚吕同学紧张的情绪，帮吕同学从头到尾细致地梳理整个作品的思路和要点，担心她有什么遗漏的地方，准备给她进行讲解和补充。

每一名大四即将毕业的大学生或多或少都会面临就业迷茫，找不到自己的就业方向。就在这时，赵老师看出吕同学的担心与焦虑，便主动走过来询问情况。吕同学有些紧张地告诉赵老师自己的困惑和烦恼，他耐心地听着，然后微笑着告诉吕同学，他曾经也经历过同样的阶段，而且现在依然在不断学习和成长。他分享了他的经验和建议，让吕同学明白，每个人都有自己的节奏，不必过分焦虑。赵老师鼓励吕同学要相信自己，勇敢面对困难和挑战。赵老师还告诉她："大学不仅是一个学习知识的地方，更是一个发现自我、成长自我的地方。"赵老师总是用他的经验和智慧给她提供指导和支持，让她感到温暖和安慰。

最后吕同学还说道：我们应该珍惜和感激身边的辅导员和老师。他们是我们成长道路上的重要伙伴和支持者。无论走到哪里，他们的关怀和支持都将是前行的动力和勇气的来源。正是这一件件小事，拼凑出四年大学时光。回忆起大学时光，吕同学心中充满了感激与怀念。"那段时光对我而言，是成长的磨砺，它教会我珍视拥有，同时也赋予了我坚韧不拔的品性。"

大学的时光虽然已经过去，但那些美好的回忆却永远留在了吕同学的心中，成为她人生中最宝贵的财富。得遇良师，何其有幸；师恩难忘，铭记于心；凡事过往，皆为序章。吕同学将一直秉持"笃学敬业求是创新"的校训。温柔且坚定，知足而上进。山水相逢终有一别，心栖梦归处，不负韶华年。

第四节
沧海浮沤喟往事随风，乘风扶摇念师友不再

徐同学，女，2019届学生。"刚上大学的我懵懂、无知，但又憧憬与期待，从踏入校园到毕业，四年的大学生涯匆匆而过。如今已经毕业，回忆这四年，心中满是感慨。这四年里，我结识了一群志同道合的朋友，我们一起在课堂上聆听知识的声音，一起在图书馆里埋头苦读，一起在操场上挥洒汗水，一起在校园的各个角落留下欢声笑语。我们曾为了考试而挑灯夜战，曾为了学生会活动而忙碌奔波，曾为了梦想而努力拼搏。这四年，有过迷茫，有过困惑，但更多的是成长与收获。我经历了许多挑战与挫折，也收获了许多成功与喜悦，我学会了独立思考，学会了如何与人相处，更学会了如何面对生活中的困难。而那些一起奋斗的日子，也将成为我心中最珍贵的回忆。我会带着这份回忆，勇敢地迈向新的人生阶段，继续追逐我的梦想，创造属于我的未来。"

——徐同学自述

大学的时光如白驹过隙，那些曾经的青涩与稚嫩不知不觉中褪去，取而代之的是一份成熟与自信。我相信，无论未来的道路多么崎岖，徐同学都能坚定地走下去，因为在这里她遇到了人生中的良师益友，他们让她收获了成长，也收获了力量。

在徐同学眼里，辅导员幽默风趣且有担当。在她心中，辅导员或许不单单是老师，更是朋友和引导者。无论是学习上的问题还是生活中的困惑，辅导员尽量给予她准确而有用的建议。在她眼里，辅导员是非常随和的，辅导员对她的反复询问或是犯错，都能够耐心地倾听和指导。辅导员还会随时关注她的学习进展、身心健康，及时给予她帮助和支持。

辅导员善于组织各种活动，希望通过这些活动，不仅让学生学到知识，还锻炼了自己的能力。最重要的是，辅导员以身作则，用自己的行动影响着学生，在自身条件十分优越的情况下依旧选择进修博士，利用业余时间提升自己的能力。在徐同学眼里，辅导员勤奋、负责、乐观的品质，成为她学习的榜样。或许辅导员不仅是她大学时的辅导员，也是她生活中的伙伴，和她一起分享快乐，一起度过难忘的时光。辅导员的存在让大学生活变得更加丰富多彩。

徐同学说："董老师就像一座灯塔，照亮我们前行的道路，让我们感受到了温暖和希望。他的付出和奉献，让我们更加坚信，无论遇到什么困难，我们都能一起克服，一起迎接美好的未来。董老师，您是我们心中的楷模，我会永远铭记您的恩情，将这份感恩化作前进的动力，不断努力提升自己，不辜负您对我的期望，再次衷心地感谢您！"

郑老师是当时艺术学院的分团委书记，徐同学和她相熟是在大一，当时郑老师带她参加大学生职业生涯规划大赛。在这之前，徐同学本以为她是一位特别有威严的老师，让人不敢接近，后来发现是她想错了，郑老师其实是一个特别有亲和力的人，只是做事时认真的态度会让人觉得有一种强大的气场，显得很严肃。参加比赛期间，郑老师会耐心地给她解读比赛规则，分享比赛经验，告诉她许多细节，为她参赛做准备。

　　在徐同学看来，郑老师对她的影响是深远而持久的，郑老师不仅教会了她知识和技能，更培养了她的品格和价值观。郑老师明白，努力和坚持是实现梦想的关键，而乐观和积极的心态则能让同学们在面对困难时保持坚强。郑老师的教育理念和方法，也让她深深感受到了教育的伟大和意义。郑老师用爱和关怀，让徐同学明白了学习的乐趣和意义，让她懂得知识不仅能改变命运，更能塑造人的品格和灵魂。郑老师的每一个举动，每一句话，都如同一颗种子，播撒在她的心田，生根发芽，茁壮成长。郑老师的教育成果，不仅体现在学生的学业成绩上，更体现在学生的为人处世和人生态度上。郑老师总是以她的智慧和经验引导着学生，在学生面临职业规划的难题时，郑老师像一盏明灯，为他们指明方向。郑老师耐心地与徐同学一起分析职业前景，鼓励徐同学勇敢尝试，让她对未来充满信心。郑老师的鼓励和支持，让徐同学有勇气去追求自己的梦想。

　　郑老师还非常注重培养同学们的综合素质。她组织各种活动，让同学们在实践中锻炼自己的能力。她鼓励同学们积极参与社团活动、竞赛等，让同学们在不同的领域展现自己的风采。在郑老师的推动下，徐同学不断挑战自我，收获了许多的成长和进步。郑老师见证了学生们从青涩到成熟的转变。她给予学生们鼓励和支持，让他们在面对困难时更加勇敢，在追求梦想的道路上更加坚定。

　　徐同学说："在毕业之后，每当我回首大学生涯，郑老师的身影总是清晰地浮现在我的脑海中。她是我们成长道路上的引路人，是我心中永远的明灯。我会带着她给予我们的力量，勇敢地迈向未来，努力创造属于自己的辉煌。那些与郑老师一起度过的时光，将成为我心中最珍贵的回忆。她的教诲、她的关怀，将伴随我走向未来的人生旅程，让我始终保持着积极向上的态度，去迎接生活中的每一次挑战。我们相信，无论时光如何流转，郑老师的教诲和影响都将永远伴随着我，激励我不断前行，不断追求更高的目标和更好的自己。郑老师，您的付出是无私的，您的关怀是真挚的。您用自己的行动诠释了教育的真谛，让我明白了为人师者的伟大。在我心中，您永远是我最尊敬的人。我会带着您的期望和祝福，继续前行，努力成为一个对社会有用的人。谢谢您，您的教诲我将永远铭记！"

第五节
涓涓恩情淌于心，恪恪之举显真义

杨同学，女，任院分团委书记一职。她是一个短发爱笑、开朗外向的姑娘。总体来说，她的大学四年可以用一句话来形容：忙碌是主旋律，进步是总方向，快乐是她的追求，无悔青春。她不断努力，一直在提高对自己的要求，遇到困难时会鼓励自己坚持下去。直至毕业之时，她基本实现了刚进大学时设立的目标。她有很多不足，性情过于直率，做事有些急躁，不够沉稳，过于理想化，但了解之后，她也有很多优点。她在学习上很用心，她很喜欢自己的专业，对于专业的各项课程及作业的完成，十分认真，从不含糊，并带动身边同学组队学习。在工作上，她是院系分团委副书记，也是班级的班长，常常热心地帮助同学解决困难，增强学生之间凝聚力，协助老师解决各项事务，举办各类活动。在思想上，她积极要求上进，大一就向党组织递交了入党申请书，现已成为一名党员。她关注身边小事，并严格要求自己，有良好的道德修养。她遵守学院各项规章制度，认真学习党章，老师交代的任务她会尽最大的努力去完成。在生活中，她是一个活泼的女孩，平易近人，与人相处融洽，她有一句人生格言——"纵有疾风起，乘风破万里"。她穿着朴素，常常利用课余时间去做兼职。短视频剪辑师、插画师、App后台运营、美术教师等，她都做过，用她自己的话说，每次兼职她都是在做自己喜欢的事情，不仅增长了自身的阅历，也为父母减轻一些负担。同学有事需要帮忙，她总会不遗余力地把别人的事放在第一位。这就是杨同学。

偶然间听到她说过这样一件事，那是在她初次接触表演课的时候。

杨同学说，刚上表演课时，她总是放不开，但李老师一步步地教同学们如何真听、真看、真感受，让同学们尝试理解并实践，但她依旧感觉自己无法完全融入角色，表现得很生硬。看着身边的同学逐渐进入状态，她却不知如何改善，心中很是着急。李老师注意到了她，走到她身旁，问她哪里不懂，她这才对李老师说了自己的问题。李老师先是创设了一个模拟情景，为其做了一个简单的示范，让她在剧情的推进中感受如何进行情绪的变换，随后让她在全班的注视下，尝试演绎一场关于回家的命题故事。这次与以往不同的是，表演过程中，李老师没有在一旁告知下一个时间点的剧情发展转折点，而是让她自己深入体会，自由发挥创作，在过程中感受，在感受中推进故事。刚开始时，她的表演平缓，不时能听到同学的讨论，李老师沉默地注视着一切，慢慢地她渐入佳境，教室内不再传来同学的窃窃私语，他们都在全神贯注地看着她接下来会制造怎样的反转剧情。她说自己在那一刻理解到了什么是老师所说的"真感受"——只有自己先相信，才能让他人再相信。表演的最后落点，成功地打动了全班同学，鞠躬谢幕的一刻，她收到了大家雷鸣般的掌声，也看到了李老师露出的欣慰笑容。李老师对她点评道："原来小杨班长深藏不露呢！继续保持这种真诚感，你是可以的！"杨同学说自己十分感谢李老师给予的肯定，这让她重拾了信心，李老师是她的良师。

第二个故事发生在她和她的毕业设计指导老师齐老师之间。齐老师渊博的学识和对学术研究严谨的态度使她受益良多。杨同学说她很享受每次小组共创影片的过程，也非常喜欢齐老师。毕业设计作品初涉选题时，杨同学处处碰壁，作为团队导演的她反复修改数十次剧本，却总是达不到自己想要的效果。在开题答辩之时，齐老师看出了她的纠结，询问她究竟想做一个怎样的内容，她说想用最质朴的方式做出一个真实的故事，想为自己的大学时代留下一个纪念，同时能够让观众感同身受，让人回味。齐老师仔细聆听了她的构思，帮助她梳理了思路，提供了很多利于作品更好发展的改动思路，并说很喜欢她对作品负责的态度，让她放宽心，遇到瓶颈就要多来找老师沟通。那是大四上学期的十二月，虽然外面是寒冷的冬天，但杨同学说她心中感觉暖暖的，眉头也变得舒展开来，有一种沐吾师春风的感觉，特别开心。齐老师耐心的劝慰和建议为她带来了极大的帮助，她最终成功创作《艺生向光》纪录片，作品留校并获得 NCDA 数字艺术设计省一等奖和全国三等奖、东方创意之星设计大赛省银奖和全国金奖的荣誉，她成功为自己的大学之旅画上了一个圆满的句号。

杨同学还遇到一位恩师，是她的辅导员郑老师。刚步入大学时，杨同学就加入了音乐协会，组建了乐队，郑老师细心地注意到她的特长，院系每一次的比赛、晚会都会为其争取演出机会。随着她与老师的沟通增多，郑老师逐渐发现她其他方面的闪光点。在大三的暑期开始前，郑老师询问杨同学是否想参加大学生创新创业训练计划，并希望她担任本次活动的主要学生负责人。杨同学并没有立刻答应，因为她说自己没有经验，怕做不好项目，辜负了老师的一番好意和信任，但郑老师告诉她："没事的，凡事都有第一次，如果因为害怕结果的不确定性而拒绝尝试，那你最大的遗憾一定会是未曾开始。"这份坚定的信任让她一改以往做事畏手畏脚的态度，与郑老师一同召集了来自不同专业的学生，组建"艺鹿有你伴我行"志愿服务团队，来到吉林省长春市双阳区神鹿峰开展项目活动。郑老师鼓励她借助自身专业优势，将传统的手工艺与现代生活相结合，发挥主观能动性，真正参与到乡村振兴的实践中，用自身的真情与行动去关心社会、了解社会、融入社会。在实践的过程中，杨同学慢慢成长，运用专业所学知识，与团队共创文创类产品，拍摄宣传片和定格动画，对双阳区政府鹿文化产业和鹿乡的名声进行推广。最终，团队不负众望，获得 2021 年度全国社会实践优秀团队、"国家级结项"、省"建行杯"互联网+大赛铜奖，她也获得长春市大学生志愿者"三下乡"和社会实践活动"先进个人"的称号。当她讲述这段经历时，她脸上的笑容从未消失过。四年间郑老师给予她的点滴帮助，她都铭记于心。

第六节

柠月纵如风，亦有师相随

　　戚同学，女，任班级组织委员，年级心理委员，校大学生心理健康协会主席。她的名字给人一种温婉的感觉，实际上，她不拘小节，很大方。她从小在乡村长大，身上有着农民的勤劳和坚韧。在学习上，她勤奋刻苦，始终保持优异的成绩，多次获得国家励志奖学金以及校奖学金。她热爱学术，对知识有着强烈的渴望和追求。她善于思考和总结，对于学术问题有着自己独到的见解，目前已是长春师范大学研究生。在工作上，戚同学认真负责，她担任班级组织委员，积极协助老师管理班级，组织各类活动，提高班级凝聚力和团结力。同时，作为校大学生心理健康协会主席，她组织并参与各种心理健康活动，为同学们提供心理支持和辅导。在思想上，戚同学积极上进，她关注社会热点问题，关心国家大事，有着较高的政治觉悟。目前她已是一名中共党员，始终以党员的标准严格要求自己，具有良好的道德品质和修养。在生活中，她常常利用课余时间去做兼职，当美术教师，做酒店前台，发传单，等等，为父母减轻一些负担。她坚持上早操，同学有事需要帮忙，她总会不遗余力地把别人的事放在第一位。这就是我所了解的戚同学。

　　她说过这样一件事，那是大一军训结束的时候，从学校的大操场回宿舍的路上，她碰见了学校大学生心理健康协会的纳新。当时她也不是很懂，以为就是会讲些心理知识或者玩些小游戏的社团，因为好朋友想加入，她也稀里糊涂地就跟着交了报名表。之后就是去面试，她说那会儿的她还是很紧张的，但好在结果还不错，成功地进入了秘书处，但后来因为宣讲团缺人，她就又去了宣讲团，这对于她来说是个不小的挑战。过了一段时间她才知道，大学生心理健康协会是协助谢老师管理整个学校学生心理健康以及开展相关心理活动的。也是因为这个宣讲团需要组织关于大一新生的一个演讲活动，她认识了谢老师。在她的印象中，谢老师很有气质，也很细心。戚同学小时候不小心把手插进火盆，造成了左手的轻微残疾。她很不想让别人知道这件事，而谢老师不仅注意到了这一点，还鼓励戚同学将这段经历写成演讲稿，帮助戚同学克服了这一自卑心理。后来，戚同学在经历工作压力增大、失恋、失眠等问题时，谢老师也总是能体察她的心情，与她数次长谈，为她解开心结。对戚同学来说，谢老师就像一个大姐姐，给予了她连父母都不曾给予的鼓励。

　　除了谢老师，戚同学还想感谢她的毕业设计老师百老师。听戚同学说，她第一次上百老师的水墨画课程时就非常喜欢他，因为百老师非常有趣而且专业能力特别强。百老师了解到戚同学决定要考研，主动提出要帮助她准备毕业设计，并且辅导她考研。

她现在还清楚地记得百老师说："同学，我非常支持你的决定。你的毕业设计，我会亲自指导，确保你能够顺利完成。"对此，戚同学无比感激。她知道百老师的时间非常宝贵，因此她忍不住问："老师，我真的很担心考研，我的基础并不是很好。"百老师微笑着说："没关系，戚同学。我们一起努力，我相信你一定能够成功的。"在百老师的帮助下，戚同学的毕业设计进展顺利。在百老师的精心指导下，她一遍又一遍地修改论文，逐渐完善毕业设计。终于，她的论文得到了答辩委员会的高度评价。

考研初试时，戚同学的成绩超过国家线20多分，顺利进入了复试。然而，命运给了她一个巨大的打击——她在复试中以0.08分的微弱差距未能被录取。戚同学感到非常失落，她觉得自己对不起百老师的期望和付出。然而百老师还是鼓励她说："戚同学，考研只是人生的一个阶段，而不是终点。你的努力和才华不会因为这一次的失败而被否定。相信自己，你一定能够找到属于自己的舞台。"在百老师的鼓励和支持下，戚同学重新振作起来。她决定边工作边二次考研，终于在第二年考上了研究生。人生中总会有挫折和困难，但只要我们坚持不懈，相信自己，就一定能够克服困难，实现自己的梦想。在戚同学眼里，百老师的鼓励和支持，将一直照亮她前行的道路。

"老师，大学能遇到您是我的幸运，感谢您为我做的这一切。老师，学生真诚地给您道一声：'老师，您辛苦了！谢谢您！'"

第七节
念师恩如眷，拓荒芜之心

曹同学，女，是一个典型的金牛座女孩。

其实曹同学和辅导员的交集并不多，而且她也不太喜欢没事的时候找老师。虽然她不是一个安安静静的人，但是和老师聊天的时候她总觉得放不开。就这样，她以为自己于辅导员而言就像透明人一样。默默地度过了她的大学第一年，她自得其乐。大二开学，刚刚报名四级的她把微信头像换成了"不过四级，不换头像"——为了好玩，更是为了逼自己一把。她每天不变地花一小时做两篇阅读，背60个单词。其实和大多数人一样，她也会有三分钟热度，报了名的几周间，她天天给自己灌鸡汤："你能行的！"可是看见室友看剧，她也想看；看见室友刷微博，她也刷得停不下来；看见室友逛淘宝，她也沉浸在"买买买"的世界里不肯出来。她不喜欢去图书馆、自习室，反而更愿意待在寝室学习。虽然寝室吵闹，还有很多事情在诱惑她，但是只要她投入学习，再吵闹的环境她也能心无旁骛。有一天她看到辅导员给她发微信，感到有点儿奇怪——原来辅导员也挺关心她四级的准备情况。离考试时间越来越近，她其实心里也挺没底的。身边同学总是说她不用学都能考得很好，其实她和大家一样考前还是有那么点儿小紧张的。

一出四级考场，她立刻打开手机换微信头像，动作流畅，一气呵成。其实她心里也没底，不知道成绩到底怎么样。而对于她换头像这件事，大家好像都没有在意。突然有一天，辅导员问她："是过四级了吗？"她告诉辅导员她四级确实过了。当时她心里还有一些小感动——原来她在辅导员心里是有一席之地的。令她感动的是，她每次见辅导员，辅导员都会仔细询问她近况，督促她学习，极力推荐她考研。她曾因此暗暗发誓："我一定不会让辅导员失望的！"她一个人从新疆来上学，遇到困难时第一个想到的就是辅导员，开心事想和辅导员分享，受到不公平对待时第一时间想到的就是向辅导员寻求帮助。辅导员总会在她有困难的时候伸出援手。她的脾气有时候会很急，看到别人做得不对的地方就会指出来，也会为了对的事情坚持到底。她不是一个喜欢和老师聊天的学生，也不喜欢有事没事就找老师，但是她还蛮喜欢辅导员上的课的。因为她觉得辅导员的课堂能让同学们更加自在，不会时时刻刻地担心自己会被点名回答问题，同学们能够畅所欲言，不受拘束。辅导员也不会背着手板着脸向同学们灌输所谓的大道理，而是会通过自己的亲身经历向大家传授经验教训。

对曹同学来说，辅导员的周到体现在四年的点点滴滴之中。她提到了辅导员会在开学时询问同学们的到校情况，会叮嘱还未返校的同学要注意安全。学期末，辅导员会来问同学们什么时候回家，让大家到家要报平安。每年的端午节、中秋节，家远的学生无法回家和家人团聚时，都会收到辅导员送来的粽子、月饼，也让大家有过节的气氛。夏天，辅导员关心寝室热不热，有没有蚊虫；冬天，辅导员关心寝室冷不冷，事无巨细地为同学们服务。

"感谢异地他乡的大学四年，能够遇到郭老师"，曹同学的这一番话让辅导员感动不已。于辅导员而言，这不过是作为老师的基本职责；于曹同学而言，辅导员却是大学时光里的夏日微风与冬日暖阳。

第八节

四纸卷帙师恩，四载暖流浩荡

陈同学，在学习上，她名列前茅，每学期都能拿到奖学金；在工作上，她是班级的副班长，常常很热心地帮助同学解决困难。她协助班长管理班级，增强班级凝聚力，帮助老师督促同学，提高班级整体成绩。在思想上，她积极要求上进，是入党积极分子，关注身边的小事，并严格要求自己，有良好的道德修养。她遵守学院各项规章制度，认真学习党章，老师交代的任务她会尽最大的努力去完成。在生活中，她是一个特别安静的女孩，会耐心聆听他人的诉说，平易近人，与人相处融洽。她有一句人生格言——"静以修身，俭以养德"。她穿着朴素，常常利用课余时间去做兼职，为父母减轻一些负担。她坚持上早操，同学有事需要帮忙，她总会不遗余力地把别人的事放在第一位。这就是陈同学。

陈同学在大学四年中得到过许多鼓励，而令她印象深刻的首个鼓励来自服装色彩课的主讲师方毅老师。在这门课上，她特别认真地听课，听其他同学的发言。其他同学的知识之广博令她既惊讶，心中又生出胆怯来。当被叫起来讲自己的故事时，陈同学支支吾吾，讲到了过去受到的打击和自己心中的梦想："我要成为一名出色的服装设计师。"话音落下，陈同学没有听到预期的嘘声，而是满堂鼓励的掌声。方老师满脸欣慰地说："我相信你一定会成功的。知道香奈儿吗，我相信你会成为下一个香奈儿，十年之后和我联系。"说完方老师在黑板上写下了联系方式。陈同学心里特别暖，感觉浑身充满了力量，她说自己一定会非常努力的。

第二份鼓励来自立体裁剪课的张老师。陈同学说，自己那个时候手特别笨，脑子也笨，张老师已经一步步地给同学们教了一遍，让同学们自己动手做，陈同学感觉自己什么都没记住，不知如何来做，看着其他同学都在各自忙各自的，她始终不敢去问老师。张老师注意到了她，走到她身旁，问她哪里不懂，她这才对张老师说了自己的问题。张老师很耐心地又教了她一遍，并对她说："有不懂的就及时问老师，不要不好意思，要对自己负责。"在张老师的教导下，陈同学终于做好了作业。她说自己非常感谢张老师能那么不厌其烦地教她，是一个有耐心的好老师。

第三份鼓励来自服装心理学的李老师。陈同学说她非常喜欢这门课，也非常喜欢李老师。一次在食堂，陈同学自己一个人在吃饭，李老师看到她就坐了过去。李老师问她为什么自己一个人吃饭，她说习惯一个人，也喜欢一个人。李老师看穿了陈同学的故作镇静和内心的孤单，于是她说："有空就来找老师聊聊天，老师们都很喜欢你。"陈同学说她那时感觉心里特别暖，特别开心。

除了鼓励，陈同学也和老师发生过矛盾。那次她考了全班第一，却因为早操出勤率不够而不能申请奖学金。她认为登记出了差错，自己仅仅因为身体不舒服缺席两次早操，完全没到被剥夺申请奖学金资格的地步。在辅导员面前，她的眼睛里充满了泪花。辅导员耐心倾听了陈同学的委屈，并为她核实、更正了信息，确保她能申请奖学金。后来，她跟辅导员说："老师，您知道吗？在我心里您一直都是特别正直的一个人。那件事之后，我更加这样认为了。如果不是您，我觉得我可能剩下的两年就要浑浑噩噩地度过了，是您让我又看到了光明的一面，让我重拾信心。我从来没有见到过像您这么好的老师。两年多了，不管学生有什么事您都亲力亲为，为学生操碎了心。节假日您都想着学生，在学校的时间永远比在家的长。端午节您为我们买粽子送到各个寝室，还给每个同学过生日。老师，感觉您就是我们在学校的家长，不管是多么调皮捣蛋的学生，您都没有放弃过。老师，大学能遇到您是我的幸运，感谢您为我们做的这一切。老师，学生真诚地跟您道一声：'老师，您辛苦了，谢谢您！'"

第九节
五载再忆五段缘，万臾难更万岢绪

程同学，女。毕业五年，"毕业季"这个词离程同学越来越远，可曾经的一切仍历历在目。时间让我们从过去到现在，冲淡的是回忆，带不走的也是回忆。石家庄到长春有1300多公里的路程，那里有一帮让她这辈子都不会忘记的朋友们，更应该说是亲人们。

听程同学谈及自己的入学经历后，辅导员打算用"五四三二一"来构成她的毕业光阴故事。

"五个星座"

程同学初来东北，觉得东北人性格有点暴躁，但是对朋友讲义气；东北人热情，聊得投机的都是"铁子"；东北人有着真性情，直言直语。她这么一个性格外向的河北人，很快就融入了进去，被照顾得很贴心。

对于朋友，她回忆道："五个星座，五个人，因为特别的缘分凑在一起，有着很多很多的故事。记得大一那年我的生日，本想着随便吃吃饭，没想到她们带着礼物不约而同地来了，把那个小屋子塞得严严实实的，满满的都是温暖。'橙子，给你买了碗面。'心照不宣，是她们给我的爱。"

"四年光阴""四位尊师"

都说东北人豪爽，她觉得她的老师们也是一样。对于辅导员，她说："您开最后一次大会的时候说：'有的同学很个性，想做什么就做什么。'现在回想起来，非常感谢您对我的教诲！"对于辅导员，大四开始程同学一直喊她姐，因为在程同学大四最后最"艰难痛心"的日子里，给程同学的安慰，给程同学的帮助，程同学铭记于心。程同学很感谢赵老师让她参加了自己的婚礼。对于辅导员同时还是面料再造老师的王老师，她觉得王老师并不严厉，只有苦口婆心的教导，很感谢她的陪伴。大三的时候，两位学姐把程同学引荐给服装制作的张老师，这让她后面的大学时光更加多样。

上班之后，程同学被问得最多的问题是："你是学什么的？"四年的时间，服装设计专业的多样化学习，通宵画图，服装比赛的洗礼等，她经历了很多，也长大了很多。生活给了她甜，也给了她苦，只有把百味凑在一起才能算得上是生活。她参加了全国的服装比赛，获得了校级和市级等各项奖学金。试问大学的遗憾是什么？对她而言，应该就是大学英语四级和擦肩而过的优秀毕业生吧。

跟个别同学不同的是，她的四年好像多的是一份洒脱和勇敢。一个人，一个背包，说走就走。北极村的璀璨星空，吉林天池的壮观，哈尔滨的绚丽冰雕，内蒙古的辽阔草原，辽宁的岛海相连，山西的千年古镇，山东的磅礴大海……每一次的旅行，都会有不同的收获。

"三张床位"

大学宿舍基本是每个系，甚至每个班的同学住在一起，而程同学较特殊。在这个特殊的寝室里面，住着三个同学。她们来自三个不同的系，学着三种不同的专业，只有晚上才能见面。她依稀记得寝室的火锅餐，跳蚤市场的扫货，到后来的卖货声，深夜街头的呐喊，每周末游走在城市的周边。

她们很懒，攒了一阳台的瓶瓶罐罐才去卖掉；寝室的吊兰枯萎到只有花盆的状态；只有在校级检查时才彻底大扫除……这些很符合她们放荡不羁的性格。她们很暖，宿舍姐们生病了，夜晚陪伴；开心了，点份锅包肉办个庆祝宴；发牢骚时，总有人扮演"垃圾桶"的角色。

"大于二年的毕业时光"

毕业后，程同学认为自己最大的改变是——她把自己的洒脱收敛了不少。没有了说走就走的旅行，渐渐明白了身上的责任。进入国企四年多，对那段大学时光和无忧无虑的日子越发怀念。工作的这段时间，她从象牙塔走出，也逐渐在适应中明白了学习的重要性。

"一句'一直都在'的陪伴"

虽然如今大家都在不同的地方，不同的环境，她也渐渐少了与大家的联系。不能时刻陪伴的彼此，那份感情也许不再像当初那样浓烈，偶尔想起那些故事或许会有点孤单，可心底那最温暖的关怀一直都在。

流逝的青春，翻转的年轮，如同一粒倔强的昙花种子，明知道绽放只是那一瞬间的美丽，也要执着地冲破泥土，迎着风雨坚强地成长。既然征途永远不知道有多远，就让我们用脚步去丈量。距离虽远，温暖永在，回忆如初，感动永存。让我们与程同学一同成长，"莫听穿林打叶声"，坚持走自己的路。

第十节
遇·知·离

朴同学是一个兴趣广泛的女青年，喜欢舞蹈，听音乐，看书，运动，手工制作，画画等。虽然对其中的每一个的技巧都不熟练，但可以从多个方面塑造自己，让自己更加乐观，做事情便会翛然而来，翛然而往，不忘其所始，不求其所终，微笑接纳世界！四年的专业学习以及多方面的锻炼，让她逐渐成为一个认真负责、苦学专一的有志青年。

一直以来，朴同学都找不到合适的切口去讲述她的四年大学，因为它负载了太多的信息量，承载了太多的故事。现在，通过这些故事来回忆她的大学，最根本的写作动力在于，她想纪念那段真正重塑了自己的岁月。"读大学，到底读什么"的问题，伴随这四年的始终。不得不说，不同人的选择在某种程度上既塑造了大学生活的丰富性，又提供了在现今分析高等教育的一个个鲜活的样本。

相遇——相逢何必曾相识

静静地看着天空，回忆过去的点点滴滴，发现原来自己已渐渐老去。逝去的美好，只能留给回忆，我们再也回不到过去。

2014 年的秋天，朴同学在爸妈的陪伴下第一次走进了大学的校园。陌生的人群，陌生的床铺，一切事物都带给她以陌生感及新鲜感。面对着这陌生的一切，她不知道自己将怎么做。但是可以肯定的是，惊喜大于惶恐。爸妈陪她办完了所有手续，来到了寝室。妈妈帮她整理了床铺，并语重心长地告诉她："以后的床铺要自己铺了。"这时她才意识到，以后便是她一个人要走的路了。

当她收到学校的录取通知书时，还不知它将是自己人生轨迹的转折点。第一次离开家，她开始认识到独立，并体味着独立所带来的一切。她曾像大多数孩子一样，生活在家人安排的轨迹上，不明白独立的意义，包括生活的、经济的、精神的、思想的层面。

相知——高山流水觅知音

在无数个睡不着的晚上，她相信会有很多人，习惯性地开始安静地想念一个人，想念一张脸。而在他们心里，能够有这样一个人可以想念，或许就够了。

大一的时候她加入了学生会，因为会的乐器多直接被选入了文艺部。一段开心的旅程就此开始了。大一最有印象的是两次演出：第一次是在学生会的迎新晚会上，当时她穿着高跟鞋和抹胸短裙和几个好友一起跳舞。其实现在想来，大一的她真的还分辨不出什么是高雅的美、气质的美。幸好学的是服装设计，也是自己喜爱的专业，在一次次的色彩搭配、款式搭配的学习中，她逐渐知道了怎么是真美。

第二次的演出她要感谢大学里帮她最多的一位老师，也是我们院系的书记。是他的一句话定位了她大学四年的一个形象。那天是在上专业课，突然她被一位学长叫到书记的办公室，当时办公室里还有几位学姐学长，然后书记就问他们说："看她行不行？"大家都同意，觉得合适。当时的她还摸不清状况。后来才知道，那是在为运动会挑人。正常运动会都是抬着旗杆子参加检阅，而服装院总是要特立独行一番，打算抬着人参加检阅。当时的朴同学体重轻，只有80多斤，由4名"壮汉"抬着出场，穿着一席白裙，画着绝美妆容的她一举成为校园"女神"。因为这个"女神"定位，她也收获了很多。

美好时光倏忽而逝，她将所有感情留在了风光秀美的历史名城吉林省省会长春市的一所学府里，留在了花溪如诗如画的风光里，留在了图书馆前的花盆下，留在了学生公寓的一个寝室里，留在了教学楼里鲁迅的目光里，留在了大师们渊博的知识里，留在了家一般温暖的怀抱里，这里有她的学习、爱情、娱乐、愿望。坦然惜别四季的轮回：春天，看飘飞的柳絮，吐翠的新枝，绵绵的细雨，她的心满载着幸福；夏日，看层层墨绿的梧桐叶，浓郁茂密，阳光斑驳了一地，她的心满是轻松的甜蜜；秋天，看云淡风轻中悠然飘飞的落叶，衰败颓丧的枯草，她的心满载着收获的喜悦；冬日，看那宁静纷扬的绵绵雨丝，洗去的是韶华流逝的伤痕，化为流水汇入岁月沉积的江河，心灵霎时一片宁静。

相离——天下谁人不知君

大学生活已经过去，成为永不再回的青春往事。今天，她在这里重忆往日，所能做到的也只是倾吐自己一腔浓浓的思念之情，"何当共剪西窗烛，却话巴山夜雨时"。

毕业那天，她没有流泪。也许是因为她依旧在这座城市，考研路上的她也依旧住在校园附近，随时都可以到这里转转。而那些家在外地的人抱成一团泣不成声。他们班多数是省内的，家距离学校都不远，所以可能没有他们那种仿佛真的一转身就不知要多少年才能回来看看的伤感。

每当回首那些逝去的青春岁月，她的心中便有千言万语。大学，就这样走过了，像看一部电影，一幕幕就过去了；像看一本书，一页页就过去了。有人说大学生活犹如一轮明月，充满着诗情画意。而她认为，大学生活更是一首歌，既有忧伤，又有欢乐，像一只有酸有甜有苦有辣还有涩的五味瓶。也有人说大学生活像蔚蓝的天空，像浩瀚的大海，你投入得越深，感受就会越真切。而她认为，大学生活是一幅美丽的画卷，更是一首深沉的诗，只要你拥有一颗热情的心，它会带给你无穷的乐趣与美好的希望。

第十一节
博取师之循诱，履践己之锦程

郝同学，性格有时比较内向，不怎么爱说话，喜欢沉浸在自己的世界里画画、听歌、看书、看电影等。从小她就对做手工有着很大的兴趣，尤其喜欢给娃娃梳妆打扮，缝缝补补。在校期间，她积极参加学校活动，获校级一等奖学金三次、二等奖学金一次、三等奖学金一次和国家励志奖学金两次，还曾获得"远东杯首届箱包、服饰搭配大赛"优秀奖。

通过与郝同学的闲谈，辅导员了解了她的经历。

怀着艺术的梦想，追寻艺术的脚步，历经了三年的征程，熬过了五月的浴火，迎来了六月的涅槃。功夫不负有心人，她从晋北一个平凡的县城来到了一座美丽的大学。

2015年9月，她踏上了东北这片热土。说来奇怪，高中艺考选择学校时，冥冥之中，她就对祖国版图上这块最北边的土地产生了浓厚的兴趣。很幸运，她来到了长春这座美丽的城市。从此，开启了大学四年自己对艺术的追求与探索。

军训是踏上大学之路的新起点。在炎炎烈日下，站军姿、练军拳、唱军歌、学校歌，她也流了很多汗，身心俱疲，但体会更多的是与大家在一起的快乐！过程虽然难熬，但也一天天地坚持下来了。军训中途辅导员来关心他们，为他们送来解暑的西瓜和水，那时服装院的小伙伴们怕是其他学院同学眼中最羡慕的对象了吧。

有时候，孤是一种勇气，独是一种傲骨，可合起来却是身处异乡之人最讨厌的一种感觉——孤独。然而，在这座陌生的城市，辅导员给予的温情与关怀，却如同暖阳般照耀着他们的心田，让他们感受到温暖。辅导员会在节假日中放下家中事务，抽出时间陪伴他们，和他们一起度过一个又一个温馨而难忘的节日。仍记得那年夏天，又到了一年一度的端午节，当他们在宿舍里怀着"每逢佳节倍思亲"的惆怅时，门口的哄闹声将其从思绪中拉回到现实。外出一看，便看到辅导员与学生会同学带着粽子和鸡蛋挨个寝室地送祝福。汗水打湿了辅导员的衣襟，泪水浸润了他们的眼眶。各个宿舍的人围在一起剥着鸡蛋和粽子，欢声笑语洒满七楼的每一个角落。阳光从楼道的小窗户投射进来，照映在辅导员的脸上，看着辅导员温柔的脸庞洋溢着快乐的微笑，一股暖流从她的内心升起，温暖迅速蔓延在七楼的"服装之家"。辅导员为他们做的种种，令他们一直感恩在心。

辅导员会时刻了解他们的状态，一旦发现有人消沉懈怠，便会立刻找他们谈话，问问最近的情况，有关学习，也有关生活，缓缓而入。辅导员还会与他们畅谈未来，问他们关于未来有何目标，帮他们分析形式，要他们坚持下去。

往事历历在目，辅导员为郝同学做的点点滴滴，她都不会忘记。她还记得，辅导员为考研学子组织了茶话会，二十几个学子坐在一起，谈论着学习经验，诉说着这艰辛道路上所遇到的困难……每当其心浮气躁，坚持不下去时，郝同学就会想起辅导员说的："忍过寂寞的黑夜，天就亮了；耐过寒冷的冬天，春天就到了。练就波澜不惊的忍耐，再艰难的岁月，也只不过是浮云。"这句话成为一种激励，激励着她朝自己定下的目标不断前进。

每学期期末辅导员会要求他们写学期总结，分析不足，总结收获。辅导员说大学虽没有高中的忙碌，但也要清楚地知道这个学期你学到了什么，有什么收获，未来又该如何去做。四年始终如一，在这样的坚持下，每一学期她的生活都井然有序。

辅导员开会时曾说，会陪伴他们走过这美好的四年时光，并且告诉他们在大学里该干些什么。辅导员的每日一句中说过："做到这七点，会让你的大学与众不同。一是尽早设立大学目标。二是不要和别人比出身和过往。三是不要为了所谓的合群，而随波逐流。四是请尽量离开寝室学习。五是锻炼独处的能力。六是记得行动行动再行动。七是大胆地联系和创造。"这七点已然成为她的信仰，使她受益匪浅。

她视辅导员为最尊敬的老师。她记得辅导员对他们说过："大学只是我们人生的起点，而不是终点。"所以，处于起点的她，开始竭尽全力地奔跑。这份努力贯穿了其整个大学时代。辅导员亦师亦友，总会在她孤独困惑时拉她一把。当她因与朋友争执而伤心时，辅导员说："战马飞驰而过，马蹄下落花碾落成泥，芳香却被留在马蹄上，这便是花的宽容。是花用宽容，勾勒了'踏花归来马蹄香'的美好图景。"

大学四年，即将结束，人生的路很漫长，遇见的人会很多，她很感谢辅导员参与了她人生的一部分。未来，相信她将记得辅导员的每句话语，坚持向前。

第十二节
勤耕阅历沃土，铸就卓越自我

江同学，男，兴趣爱好比较广泛，喜欢画画、唱歌、原创设计。

了解了江同学的个人信息和兴趣，现在让我们揭开他的成长故事。

当江同学拿到大学通知书的那一刻，他真的对自己的大学满怀期待与憧憬。开学那天，连伯伯们都来给他送行，那一刻他真切感觉到了儿行千里母担忧。

路上江同学的爸爸骑着摩托车载着他，一边和他说："在那边一定要照顾好自己！按时吃饭，努力学习，不用担心家里。"其实从小到大江同学就和爸爸的关系不是很亲密，可能是爸爸更多的时间是在外面挣钱，晚上才回家，几乎每天都是早出晚归，用自己微薄的收入来养活一家人。江同学看着爸爸瘦弱的身躯、黑黄的皮肤，第一次感受到了他的不易。江同学此时眼睛酸酸的，对他说："在家要好好地，该用的东西不要省！我和姐姐在外面都会好好的，这个你不用太担心，你和妈妈也要注意身体。"没过多久爸爸便把江同学送到了汽车站，目送他直到汽车渐渐地消失在他的视线之中。

来到大学校园后，虽然这个大学没有江同学想象中的那么好，但他还是很喜欢，因为这一切的结果都是自己当初做出的选择，所以还是选择随遇而安！

在学习上，江同学开始学习专业知识。他非常喜欢专业课上的氛围以及老师的讲课方式。大学的课堂上没有了高中时期的紧张和严肃，而是多了一份愉悦和轻松。对于专业课的一些作业他也很喜欢，每一次都用最好的状态来完成。在服装手工艺上他一直在努力地完成，尽自己最大的能力去做好一切事情。

他每个学期都会参加社会实践活动，用来积累自己的社会经验。大一的时候，江同学在学校的超市做过收银员，送过货，在大雪天里发过传单。大二的时候，江同学找到了一份稳定的兼职，那就是在必胜客做服务员。这份兼职让江同学学会了很多事情，让他觉得对自己以后在社会上会有很大的帮助。虽然自己做的兼职和本专业无关，但他还是觉得总比在宿舍待着玩游戏好多了！

在生活上，江同学慢慢地独立了起来，在面对一些事情的时候他再也不会像以前那样选择回避或者推辞，他会想着如何把事情做好。可能以前他会要求别人帮助自己，但是现在他自己能干的活不到万不得已绝不会麻烦他人的，这就是在生活上的一种成长吧。

在大学中他也很荣幸能遇到辅导员老师。记得刚来学校军训的时候，那时候天气特别热，辅导员带来了西瓜。在节日时，辅导员也会和他们一起庆祝，给他们一种在家的感觉。有一次辅导员要求每个班级的团支书组织一场团会，当时江同学并不知道团会该怎么办，甚至连团会策划都不知道怎么写，于是潦草地写了一篇。辅导员看过之后知道了他的问题，便很细心地指导他该怎么写，一些不懂的问题也都会为他解说。

　　大学里的江同学经历了很多很多事，遇到了很多很多的人，也学到了很多有用的东西。他在大学中担任班级团支书，也组织过小型拓展活动，还在学校青协策划部工作过。江同学明白，只有不断学习才能让自己变得更加优秀，只有不断投资自己才能过上想要的生活。

　　在接下来的大学生活中，江同学将会继续努力学习，努力做好每一件事情，撸起袖子加油干！

第十三节
借师长之炬，燃迷途之棘

梁同学，女，2019届学生，曾任艺术与设计学院心理健康中心主任。她是一个东北女孩，但性格比较文静，不喜欢与陌生人交流，在陌生人面前有时会感到紧张，但是在熟悉的人面前就会变得比较自在，是一个慢热的女孩子。她在学习中有着明确的学习目标，并且不断努力；她坚持上课认真听讲，虚心好学，经常向老师和成绩好的同学虚心请教学习上的问题，并且能积极地和同学一起进行学习上的讨论。她的成绩始终保持良好及以上的水平。除了掌握一定的基础课和专业课知识，她还利用课余时间积极参加实践活动。在分团委工作中，她认真负责，责任心强，注重团结协作，配合其他学生干部完成各项工作，认真做好每一件事情。在思想上，她积极上进，勇于批评与自我批评，具有良好的思想道德品质，遵守学校各项规章制度。她实事求是，认真学习党章，时刻以党员的标准严格要求自己，不断加强党性修养。在生活中，她文静的性格十分受同学们的喜欢，与同学们相处融洽。她积极帮助同学们解决生活和学习上的疑惑；在寝室能够和室友们友好相处。

她建立良好的人际关系，并与室友们共同努力获得了"优秀寝室"荣誉。她会积极参加一些活动，为学院和班级赢得荣誉，她始终保持积极向上的生活态度。这就是梁同学。

梁同学一直是一个安静的女孩。她在平时生活中一直低调，认真做事。刚开始她和辅导员交流不多，直到有一次因为选修课的事情，她在网上主动与辅导员诉说她的心事。那一次，她与几个朋友一起看选修课程，发现只有她一个人没有修上课程，其他几人都正常修完。这件事情让她的状态一直很不好，甚至和朋友的关系也出现了问题，情绪一直低落，导致在第二天学校填表中也出现了错误。对于这件事情，辅导员也曾在当时问过她，她当时情绪低落，没有说得很清楚；后面她和辅导员说，她在面对辅导员的时候会有些紧张，有些话的表达也会很不清晰，所以才会采用线上交流的形式和辅导员沟通。

辅导员知道这件事后对她进行了开导，帮她解决问题。后来她和辅导员说："老师，很感谢这三年来你给我的帮助，是我做事不够严谨，太放不开自己，让您在我这里没少费心；您不仅是我大学生活的引路人，也是人生中的一位导师。那件事之后，是您让我又看到了光明的一面，让我重拾信心，指引我以积极的心态来克服困难和迎接生活中的挑战。我从来没有见到过像您这么好的老师。这三年里，不管学生有什么事您都亲力亲为，苦口婆心，为学生操碎了心。老师，感觉您就是我们在学校的家长，不管是多么调皮捣蛋的学生，您都没有放弃过，老师，大学能遇到您是我的幸运，感谢您为我们做的这一切。"

这件事以后，辅导员和梁同学的交流也变得多了起来。梁同学和辅导员说过，她很喜欢建筑概论课的杜老师。第一次上建筑概论课的时候，梁同学发现这个课知识点很多，需要阅读大量的文献，她发现自己上完课后如果不复习笔记，过不了几天就会把学过的内容几乎全忘了，这让她对自己的记忆力产生了深深的怀疑。在和杜老师的一次交流中，梁同学表达了自己的困惑。杜老师告诉她："不要自我否定。我们在接触陌生课程时，需要学习很多新的知识，记得就会慢些，当你对它越来越熟悉时，看文章、记知识都会很快。就像面对一个全新的棋谱，围棋高手就比我们普通人能更快记住。"在杜老师的鼓励和指点下，梁同学解开了的心里的疑惑，以更加积极的心态去投入学习。

Photoshop 课的任老师也曾给予梁同学鼓励。梁同学说她对任老师的第一印象是干练和不苟言笑，让人觉得很严肃。第一次上课，梁同学感觉老师教得有点快，自己有些跟不上。由于胆怯，她始终不敢去问老师。后来任老师在巡视辅导时注意到了她，走到她身旁，问她是不是哪里没有跟上，她这才说出了自己的问题。任老师很耐心地又教了她一遍，并鼓励她说："下次上课老师会调整速度，课上有不懂的就及时问老师，不用不好意思。"在任老师的教导下，梁同学跟上了课程，完成了课程任务。她说自己非常感谢任老师能那么不厌其烦地教她，给她鼓励和帮助，让她能够克服自我的不足。

梁同学还遇到一位苏老师。梁同学说那时候她大一，刚加入生活部，对一切都很新奇，还了解到生活部查寝是每周必做的基本工作，老师有时也会一起走访查寝。梁同学有一次分到和苏老师一起查寝。在走访过程中，苏老师对学生宿舍的卫生安全和安全隐患进行了排查，尤其是桌角、电线口等细微之处。苏老师还叮嘱同学们一定要注意安全，禁止晚归，同时要注意保持寝室的整洁，希望寝室长能负起责任，督促同学们爱护寝室环境。苏老师鼓励室友间多包容、多沟通，还询问同学们是否有不能解决的困难，当场为同学们答疑解惑。梁同学说那次的查寝过程给她留下了很深的印象。通过那次查寝，她更加明白查寝前熟悉寝室细则的重要性，学到了很多东西。

第十四节

知往事不谏，惜方今光阴

林同学，性格简单而活泼，纯朴又热情，同时易于感受他人的情绪。

在知识学习方面，她学习刻苦，态度认真，只是在学习方法和能力上有些欠缺，希望她在今后的学习中能够改进。通过这两年的大学学习，对于专业方向、节奏、程度、难易度等，她也有所了解。她投入了不少时间在学习上，每次考试也发挥得还算可以。在大学的后两年中，她对自己的学习任务有了更高的要求，要考取教师资格证和为考研备战。在这样的关键时刻，希望她能加倍努力学习，把更好的成绩带进大四。

在思想政治学习方面，她始终保持与党高度一致，积极参与学院及班上组织的思想政治学习活动，不断提升自身的政治素质。政治上要求进步，积极向党组织靠拢。不满足于党校内入党积极分子培训所获得的党的基本知识，在工作、学习和生活中增强自身的党性原则，按照新党章规定的党员标准来要求自己，虚心向身边的党员学习，并结合国内国际政治生活的大事，定期作好思想汇报。

在生活工作方面，老师交代的任务她认真负责地完成，遇到问题也能及时改正。每个假期，她都会去做兼职，积累社会经验，也为家里分担。这就是林同学。

刚进入大一时，懵懂无知的林同学对一切充满好奇，什么都想要试一下。她报名参加军训演讲比赛，竞选班干部团支书，也参加了学生会，成为组织部的成员。她从零开始，跟着部里参加学校和院系里面的各类活动，不仅学到了许多实用的工作技能，更学到了许多做人做事的道理。

为了能拿到奖学金，林同学每天认真完成专业课作业，学习上遇到问题积极问老师。但因为大一下期末考试中的一个失误，她与奖学金擦肩而过。这件事情对她的影响很大。大二开始，她变得懒散，学习上不积极，学生会的工作也放弃了。在这期间，辅导员多次找到她，与她谈心，开导她，实时关注她的学习和生活，默默地帮助她，给她想办法解决问题。好在，后来她又重新拾起了信心，在期末考试中取得了较理想的成绩——班级第三名。大三的新学期她还给自己制订了考研计划，辅导员感到很欣慰。她说辅导员把同学都当作了自己的孩子，同学们无论在学习还是生活中遇到问题，辅导员总是第一时间出现并帮助解决问题；每逢过端午节、中秋节，辅导员会亲自给每个寝室的同学送粽子、鸡蛋和月饼，让同学们体会到了家的温暖。她还感慨道："其他老师双休日休息，郭老师却很早就来到办公室研究课题，为同学们树立了一个好榜样。通过两年多的相处，我意识到郭老师就像同学们的父亲，严厉却又温暖。郭老师为服装工程学院的学生付出了很多，一直陪伴学生成长，默默地付出着。谢谢郭老师!"

大三又是一个新的开始。开学的第一节课是张老师的服装结构课，张老师说了一句让她印象很深刻的话："如果你不喜欢这个专业，请尽快给自己制订其他的计划，不要浪费时间，最后荒废了自己，毕业的时候，让自己后悔。现在有很多学生还不知道自己以后做什么，整天在宿舍里睡觉、打游戏。大三是关键的一年，同学们要开始努力了，再不开始学习就晚了，等到毕业那天回想这大学四年，自己什么成就也没有，最后后悔的是自己。"

故事的最后，林同学感叹道："过去的已经成为历史，而我们会更加展望未来。我们要不断学习、不断充实，要积极探索、逐步成熟。大学生活是人生中最不能忘记的一部分，我们通过四年的学习成长，每个人都将在毕业后为自己的理想打拼。大学生活只剩下短短一年多的时间，我们要格外珍惜，好好地过每一天。下学期好好地准备自己的毕业设计。毕业设计是大学四年学习的总结，所以一定要好好地准备，为自己的大学添上完美的最后一笔。"

第十五节

纵有痛楚随形，亦以笑靥坚持

卢同学，女，兴趣爱好是服装设计、手绘、搭配和运动。在校期间，荣誉方面，她在 2016—2017 学年第一学期获校级三等奖学金；2017—2018 学年第一学期获校级二等奖学金；考取高级化妆师证书；考取党校课证书；获得品德优秀大学生称号。成长经历方面，她加入学生会组织部，负责起草文件，整理入党资料等，并担任组织部副部长；外出体验各种兼职，从事儿童绘画教师、墙体彩绘工作；无论什么事情她都喜欢去尝试，她认为只有尝试了才会知道自己可以还是不可以。她性格开朗，遇到挫折都会欣然接受，从中获得成长。她会比同龄的学生更加成熟、稳重，高情商的她在为人处事上略胜他人一筹！她的优点很多，但她的短处也比比皆是，但她都会虚心听取意见，接着努力改进！

时光如梭，这么快两年就过去了，大学生活转眼过去一半了，卢同学回顾这两年的点点滴滴，她哭过，也笑过。在这两年，她把更多的时间与精力都放在了感情上，处理朋友之间的感情以及与男朋友的感情！

卢同学无论什么事情都喜欢去尝试，无论成功与失败。但是她总缺少了那么一份坚持，她做事总是半途而废。记得刚开学那会，辅导员想找人去给毕业生邮寄毕业手册，她信心满满地接下了这项任务。开始她也以饱满的热情去联系各位学长学姐，但她总会把事情想得太简单，认为这件事就是简单联系、邮寄就好了，很快就会搞定，但事与愿违，有一大批人要么电话打不通，要么地址与表格地址不符合。那时候的她一个脑袋三个大！在拖拖拉拉下她终于完成了这项任务。她现在回想起那时候，后悔自己没有认真做好，后悔缺少一份坚持。

大一临放寒假前，卢同学去了辅导员办公室，与辅导员进行了一番长谈。辅导员在她的个人简历上写了大大的"坚持"二字。是的，我们缺少的不是梦想，不是奋劲，而是坚持！无论什么事情，坚持下来就一定会成功！人只有充实了自己，才不会觉得生活乏味、无聊！假期回家，她和朋友谈起辅导员的时候，谈及最多的就是辅导员的"忙"。

她说她在辅导员那里学会了充实自己。大二这一年，她学习之余的大部分时间都是泡在分团委，帮助老师工作，起草文件。她懂得了什么是团队合作，学会了怎样去与工作伙伴相处，在能力上也得到了锻炼，有付出也有收获！她也更坚信这样一句话："一朵孤芳自赏的花只是美丽，一片相互依偎着怒放的锦绣才是灿烂！"

那时候的她，除了晚上要去自习，周六和周日有时候也跑到图书馆里，她根本就不知道自己还有什么其他事情可以做。图书馆里那么多书放在那里不利用起来，过于浪费了。虽然她每天都有事可做，但事实上心里却很迷茫。因为这里是大学，即使她把它当作高四来过，终究不是高中。高中的目标是高考，始终是努力的目标，现在却没有了方向。她觉得大学生活应该是五彩斑斓、丰富多彩的，不应该只是为了考一个好成绩而去努力。于是在思考之后，她给自己捋清头绪，显然，作为大学生，学习是首要的，但不是唯一的。

学习之余，她也想到自己的感情问题。初次恋爱的她，并不知道怎么去谈恋爱。她希望自己的大学生活应该是花更多的时间去充实自己，去学习，而他更希望的是陪伴，一起玩耍。她觉得距离会产生美，好的爱情是两个人都有自己的事业和生活，而不是每天腻在一起。虽然这段感情最终因双方生活观念不合而终结，但她仍觉得这是最好的安排。无论是学习还是感情，她都始终坚持奋斗之心。

第十六节

青春·梦想·未来

黄同学，男。青春、梦想和未来，这三个词语是每个大学生都难以逃避的命题。他也一样，也在岁月荏苒中探寻三者的奥义。

坐看流星划空时，梦里那一度，落英缤纷。浓雾般迷茫的生命，把大学分成两截，一半是展翅高飞的苍鹰，一半是沉沦海底的游鱼。大学的书页，就这样被翻阅着，一天又一天，一季又一季。一个人若是没有确定航行的目标，任何风向都是不顺风的。是金子总会发光，不是金子更要发光。抛却大学的过往，为了未来，也为了追逐自己的梦。

孩提时代，大学于他而言，是个神圣而模糊的字眼。那时的他，想得更多是如何快点写完作业看动画片。大学，只觉是遥远的事。因为遥远，便敢肆意地想象，只当它是一个绮丽华彩的梦，可以随意装点，却从未想过，负起这个梦，需要怎样有力的肩膀。

十年磨一剑，那些刻骨铭心的日子如今仍历历在目。在那收获的日子里，他深刻地理解了通过自己的努力完成一件事情是多么有意义。栉风沐雨他咬牙挺过，抵达美丽的大学校园。站在新的起点上，他是那么激动……

刚刚进入大学，他对这里的一切充满了好奇，感觉这里的一切是那么新鲜，又是那么陌生。他像鱼儿入水、小鸟出笼一样解放自己的天性。在这里，同学友爱，室友和睦，他感受到了大家庭的温暖。而且大学的课程没有高中时那样紧张，他得到了更多的自由。

步入大学生活，他从一个事事只会依赖父母的小孩子，逐渐成长为可以独立生活的积极青年。他还遇到了一群从五湖四海聚集而来的朋友。自相识以来，他们一有机会就在一起相互学习，共同进步。生活还赐予他们一群良师，为他们传道授业解惑，让他们更快更好地成为有远见卓识与雄才伟略，可经世济民的人才。

学习一直是他认为上大学最重要的事。当然这个学习是广义的。他很喜欢一句话："做人，要知足；做事，要知不足；做学问，要不知足。"上大学给了我们继续学习的机会，应当珍惜。

初入大学，他首先接触到的是他的辅导员刘老师，一位对待工作严谨而又认真的老师。每次见到刘老师，她总是灿烂地笑着，就像一位朋友。他几次向刘老师请教问题，老师也总是认认真真地听着，然后给予指导。

在大一下学期，他遇到了一位在学习、生活和工作上都给了他许多帮助和鼓励的老师——张老师。张老师是首次对他们开展创新式教学的老师，侧重于培养他们的主观能动性。她知识面广，上的课有趣味、有激情，深深吸引着他。课堂上如此，课下亦是如此。许多时间，校园的花坛旁、操场的路上，都成了他们交谈的场所。他向她询问作为一名学生，应该是以学业为重，还是以理想为重。她答："一个人吃饭是为了活着，但活着并不只是为了吃饭。吃饭是要为我们做更重要的事提供足够的能量，学业与理想也是这种关系。"后来，张老师发现他喜欢文学，爱好写作，还有许多其他的兴趣爱好，就鼓励他一直坚持下去，并把这些爱好培养成自己的优势。学期末，张老师拍着他的肩膀称呼他小朋友，并给了他足够的肯定和鼓励。最后，他们行了一个握手礼，就在那一刻，他感觉张老师不仅是一个真正的朋友，更是一位亲人。他由衷地感激张老师对他的帮助、鼓励和肯定。

不知不觉间，老师们已经成为他生命中不能缺少的一部分。他们以不同的形式影响着他的思想与行事方式，指导他沿着正确的方向前行，像茫茫大海上的灯塔，像漫漫征程中的领路人。他们知识渊博、思想深刻，却又那么和蔼可亲、平易近人。所以在他的心中，他们已不仅是老师，更是亲密的朋友，是难觅的知己、学习的榜样。为梦想而努力，为信念而拼搏、奋斗。

纸上得来终觉浅，绝知此事要躬行。其实在大学，除了老师的指导，更重要的还是自己去亲身实践。发现梦想与现实之间的差别，他认识到了躬行的重要性，他意识到自己还有许多的不足，还有很多的事要做，很远的路要走。

在大学的一年多以来，他积极参加班级和社团的各种活动，他深深地感受到，与优秀学生共事，使他在竞争中获益；向实际困难挑战，让他在挫折中成长。此外，他还积极参加了志愿者、学雷锋活动。经过一些社会实践，他培养了遇事镇定、协调有度和力求高效率的做事习惯，养成了爱岗敬业、吃苦耐劳、对工作满腔热情和高度负责的精神品质，相信这些将是他的一笔可观的财富，将会在以后的学习和生活中帮助他实现自己的人生价值。

有水必有岸，有岸就会有追求；有爱才有梦，有梦总会有希望！从生活中寻找希望，人生终将辉煌！他相信所有的梦想都不再是梦想，终有一天梦想会变成现实，所有的期望都将跃上生命的枝头，绽放出迷人的馨香。愿望是命运的星辰，只要心中永不放弃，生命的潮头终将会扬起绿色的风帆。

大学不是幻想，更不是妄想，而是伟大的理想。只要为之奋斗，为之拼搏，总有一天他会满载而归。那时会听到枫叶流舟，会看到金菊在笑，会闻到硕果飘香。只要为之努力，为之拼搏，享受成长的过程，青春、梦想和未来，它们便会在岁月里逐一绽放，在生命里灿烂生花。

第十七节

米小苔花尚学牡丹之开，迷津灰雁安无破局之择

祖同学，男，2016级学生。在众多同学眼中，他是一个很没有存在感的人，一学期过去，还有很多人不知道他的名字——因为在班里的他成绩中游，长相也很普通。但是他待人真诚，让人印象深刻。

如果说人生的进程对每个人的意义都不同，那么生活给予众人的更多是璀璨的光明，而他的似乎永远都是灰蒙蒙的，看不真切。他只能迎面而上，才可能有那么一天，让灰色的生命里出现色彩。

步入大学，正所谓"恰同学少年，风华正茂"，谁的心中不曾激扬？面对学生会、团委两会、社团联合会等，他慢下了脚步，经过学长的解读与网上的查找，最终，他决定进入学生会这个大家庭。

生命中总有无数个第一次，在面对学生会学长学姐演讲时，他的手心已经浸满了紧张的汗水，站在台上，他感觉双腿在不停地抖动，说出的第一句话，连他自己都听不到声音。他抬头朝下边乌泱乌泱的一群人望去，吓得赶紧垂下了头，再也不肯发出声音。

但他是幸运的，每个人都会遇到足以改变自己一生的人。"别紧张哈，我们就是想听听你的看法，大家都一样，不用紧张。"面试官见他异常紧张，便宽慰道。他有些诧异，朝台下看了一眼，磕磕绊绊地说完了自己心中要说的话。"如果你的工作和学习时间冲突了，你会怎么做？"面试官提问道。有了前辈的打气，他终于鼓起勇气，斩钉截铁地回答："我相信我自己有能力调整好两者之间关系，在不耽误学习的前提下，把交代给我的工作做好。"接下来便比想象中顺利了很多，他成功地成了学生会的一员。

期间，他又先后加入了学校的青年团、英语晨读社、篮球社等其他社团。在他看来，这些社团对自己来说有着很大的帮助，无论是在人际交流中，还是在社会实践活动以及未来的生活上。他想要改变自己，彻底抛开曾经的自己，重新塑造自己。无数个夜晚，他都躺在被窝中思考："我今天都做了什么？还有哪些地方做得不够好？明天我又应该怎么做？"就这样，他白天忙于各大社团，晚上忙于学生会。紧张又充实的生活令他学会了很多。

大一的学习生活并不紧张，平常总会有些时间进行适当的娱乐活动，对于很多新生来说，周末大家都会熟悉一下周边环境，一起吃饭、逛街。而这些时间于他而言，却是弥足珍贵的。在此期间，他迅速地了解学生会的各项职能，把自己手头的工作尽可能做到最好。慢慢地，他的眼界变得宽阔，办事能力上也得到了很大的提升，他再

也不是曾经那个不起眼的、弱小的个体。

诚如汪国真在《生活》中所言："当欢笑淡成沉默，当信心变成失落，我走近梦想的脚步，是否依旧坚定执着；当笑颜流失在心的沙漠，当霜雪冰封了亲情承诺，我无奈的心中，是否依然碧绿鲜活。有谁不渴望收获，有谁没有过苦涩，有谁不希望生命的枝头挂满丰硕，有谁愿意让希望变成梦中的花朵。现实和理想之间，不变的是跋涉，暗淡与辉煌之间，不变的是开拓。甩掉世俗的羁绊，没谁愿意，让一生在碌碌无为中度过。整理你的行装，不同的起点，可以达到同样辉煌的终点。人生没有对错，成功永远属于奋斗者。"所以他坚信，只要努力，没有人生来平凡。

然而，他也曾坚持不下去，想要放弃过。当夜深人静的时候，他也曾忆起某个盛夏的苦涩泪水。他的心里不禁有些疑问，不明白其中的意义。工作中，他也不再积极，以至心不在焉，在工作上出了差错。

"你知道这次我叫你来的原因吗？"面对辅导员的询问，他有些漫不经心。"可以谈谈你今后想要在工作上有什么发展吗？"他愣住了。"孩子，你对工作的认真以及你背后的努力，老师一直看在眼里、记在心里。很多时候，老师都觉得你是一个很不错的孩子，有上进心、办事认真、为人踏实，相比你身边其他学生，老师一直看好你。但是从什么时候开始你变了呢？"望着老师殷切的眼神，他的心中缓缓淌过一丝暖流："老师，我知道该怎么做了。路是自己的，未来也是靠自己打拼的。"原来，他缺少的只是一个肯开导他、能骂醒他的指路人。

从这以后，他变了，不仅是在人生的认知方面，更多的是在为人处事上。很多人与他接触后，内心都不得不赞叹一句："这孩子，挺厉害的，情商挺高。"而对于他自己来说，生命也渐渐有了色彩。他开始入魔般地攻克自己的专业知识，接下来又开始考英语四六级，考普通话证书，考教师资格证等。大三这年，他变得成熟和稳重。也是在这一年，他真正意义上理解了辅导员曾经对他的教诲——你所做的一切都不会让你自己后悔，你的所有准备和积累，都会使你的人生道路走起来更加简单，方向更加明确。

大学三年的生活，他大抵未曾虚度光阴。在这一千多个日子里，身边的朋友与老师终是教会了他何为人生的选择，让他明白了自己的价值所在——切莫沉湎于过去或对未来的幻想而让生命从指缝间悄悄地溜走。努力让每一天的生活过得好，过得有意义，就会乐观而又充实地度过整个人生。

又是一季盛夏缓缓到来，他现在已经不再需要别人的提醒就能够独立完成工作，对于自己未来的道路走向也有了深刻的认知。许是早已拨开乌云见明月，他看清楚了自己的内心。他感激当年辅导员对他的教诲，亦懂得那年盛夏，那丝苦涩，带给他的不再是迷茫和无措，而是人生若几许选择。从一而终，坚持便是最好的。

在最终的交流中，他向辅导员表达了自己的困惑与期许："对于未来的方向，我尚存疑虑，但我怀揣着坚定的信念，期望能够继续前行，探索更广阔的领域。若我止步不前，恐怕会陷入自我设限的境地，误以为这便是我的全部世界，我的人生将始终笼罩在灰暗之中。"

第十八节
不为承平之状所羁，敢为风云之志

符同学，毕业时做了让所有人刮目相看的事，到我国西北新疆去支教，支教期结束后，他去了杭州成了一名陈列师。

记得大学刚开学的时候，她还总是想四年这么久，要怎么过、怎么做，才能不白白浪费这四年，才能不枉为一次大学生。2014年美拍App盛行，热门里的视频更是五花八门，她顺势往下翻动，突然看到一条视频，故事的内容是全球各地的自然灾害、战争动乱带给人们的不幸，其中包括"5·12"汶川地震后中国人迷茫、难过、痛哭的画面；中东地区不断的战争使无辜的百姓受到的伤害，以及全球变暖北极熊生活的隐患。不夸张地说，她的泪水打湿了眼眶。她感慨自己的生活环境太安逸、太幸福，也觉得这辈子不应该就这样过。她想为这个社会、国家做些什么。

2016年3月中旬，辅导员在毕业群里发出一条大学生西部计划志愿者的启示，让她一瞬间看到了目标，她知道了自己该做什么。找辅导员签字，准备材料，和校团委沟通，经过面试、体检、政审等条件，她于2016年7月2日正式成为一名大学生西部计划志愿者，同月21日踏上去新疆的征程。一路同行的有其他5名来自吉林省内各大院校的志愿者，每个人都带着理想抱负甚至扎根基层的心奔向祖国的大西北。刚到新疆时，她在很多方面都很不习惯，少数民族和汉族之间的沟通交流、忌讳成了她的必修课。初入基层，她被分配到阿勒泰地区哈巴河县妇联，主要负责日常交接工作和配合领导完成工作任务。在一次和单位领导下乡慰问贫困家庭妇女时，她见识到了淳朴的哈萨克族牧民的生活。简陋的小屋，简单的生活用品，让一个残疾的哈萨克族中年女性支撑起了半边天。回到住处时她就在想，"我能帮助到她吗？""我能！"她利用朋友圈发起了募捐活动，第一次募捐只有两天，微信朋友们总共捐款385元。她和另一个东北女孩儿把钱提现，买了洗衣粉、牙刷和书包等生活用品，和领导打了招呼之后送到了那次去的人家。也就是这次募捐活动，让她在当地新闻和家乡新闻"火了"一把。文章发出后，吉林工师的老师们也纷纷发来慰问，随即就是一大批物资。这次就丰富了——有九成新的衣物、过冬的棉被、孩子们的玩具和书籍。她非常感谢老师们的帮助。

其实人的成功不在于权势，而有勇气成为真正的自己，想唱歌就去唱，想画画就用心画，想流浪就背起行囊出发。我们只来这个世界一次，不要让自己后悔；要最大化利用自己的优势，为自己负责，为社会负责，成为最好的自己。要去做，不要想，走出第一步，接下来的每一个脚印都是你走向成功的垫脚石。她现在在杭州做她大学时想做的陈列师。前几天她有个偶然的想法——去云南找个有格调的小酒馆驻唱。那里一直有吸引她的文化，也许到了云南她还会追随内心的脚步，再去做其他什么事。安稳是留给老一辈人的，她们这代人则要去创新，要去追求。所以，你呢？

第十九节

光阴似箭怀师友，恩情永驻铭心间

王同学，女，2016年考入学校，后取得硕士研究生资格。

"您好，新生是在这里报道吗？"2016年8月的这句话展开了王同学与工师的故事……

时光荏苒，四年的大学生活就这样结束。大学时光充实了她的文化知识，改变了她的一些行为习惯，提升了她的思想境界和精神境界。自进入大学开始，她一直努力争取成为一名德智体美劳全面发展的优秀大学生。她相信通过四年的学习与锻炼，自己能够在日益激烈的社会竞争中占有一席之地。

四年的大学生活是她人生这条线上的一小段，是闪闪发光的一段，它饱含着汗水和收获。通过四年的大学生活，她学到了很多知识，更重要的是有了较快适应并且掌握新事物的能力。她的思想成熟了许多，性格也更坚毅了。在校的四年时光里，她认识了温文尔雅的韩院长，认识了辅导员，认识了恪尽职守的王老师，认识了可爱青春的张老师，认识了不爱说话的苏老师，还有刚刚认识的帮她打包行李的陈老师，他们都已印刻在她的脑海里。大学校园就是一个大家庭，在这个大家庭中，学生扮演着被培养的角色。老师是我们的长辈，所以我们应该对他们尊敬有加。同学们就像兄弟姐妹，我们应该一起学习，一起娱乐，互帮互助，和睦地相处。群众生活使她懂得了要主动去体谅和关心别人，也使其变得更加坚强和独立。她觉得自己的事情就应由自己负责，别人最多只能给自己一些建议；遇到事情要冷静地思考，不要急躁；不轻易承诺，承诺了就要努力去兑现；生活需要自己来勾画，不一样的方式就有不一样的人生。这是她从服装院的老师们和2016级全体同学那儿学习到的。

大一的时候她是懵懂的、贪玩的，在辅导员的关怀与教育下，凭着对未来生活的渴望与追求，她严于律己，刻苦钻研，勤奋好学，态度端正，目标明确，努力把自己变成一个掌握现代信息技术和职业技能的合格大学生，为此她牢固掌握了本专业的基础知识和技能，并积极为服装院作贡献。作为社团联合会主席，她积极参加班级、系、学校安排的各项任务，并顺利组织开展了校园模特大赛和校园歌手大赛等活动。作为一名学生干部，她积极主动完成本职工作，与同学、老师相互配合。她还记得辅导员第一次给他们开党会，使她有了坚定的政治方向，于是她开始积极上进，了解时事政治，关注国际政治发展动向，热爱祖国，热爱人民，勇于批评和自我批评，树立了正确的人生观和价值观，并在大三时很荣幸地加入了中国共产党。除此之外，她还考取了硕士研究生学位，并广泛涉猎其他学科的知识，给自己更多的机会参加社会实践，做到理论联系实际。

四年中她难以忘怀的是军训时辅导员送来的解暑西瓜；是参加拔河比赛时全班同学的团结一心；是大二她加入学生会时，学长学姐对她的鼓励支持与栽培；是大三她和各位老师一起去吉林参加党建活动时的难忘经历；是大四毕业之际，她主持了线上云毕业典礼的宝贵经历等。这四年的点点滴滴，她都不曾忘记。四年的大学生活犹如漏斗中的沙石已悄然流进昨日，现在似乎真的到了该说再见的时候了，该向这段充满欢笑，充满浪漫，充满豪情壮志，也充满酸涩与淡淡忧郁的学生时代告别了。离开大学校园并不意味着她将结束自己的学习生涯，相反，它为她开启了另一扇求学的大门。即将去往长春工业大学的她，依然会孜孜不倦地学习，在这个告别大学生活、踏上新征途的时刻，她将以饱满的热情、坚定的信念、高度的责任感去迎接新的挑战，攀登新的高峰。

毕业是一个让人难忘的名词，以前最不喜欢做的事情，此刻也十分想尝试着去做。毕业了才发现以前埋怨得太多，做得太少，失去得太多，珍惜得太少。毕业是一个形容词，记录着我们校园生活的酸甜苦辣。它就像一本日记，记录往事，勾勒过去，心中充满无限感慨。"说真的，我到此刻还没搞清毕业到底是喜悦还是苦涩。回头望去，大学的酸、甜、苦、辣都留在这美丽的校园中。我们已经走出了工师的校门。路，一直在走！带着感动、感激，我将满载自信而行！我会深深铭记在服装学院的每一个难忘岁月带给我们的无限感动。感谢服装院，感谢在成长路上教导和帮忙过我的每一位老师和同学朋友，诚挚地谢谢你们！"

第二十节

漫漫人生路，拳拳报国心

夏同学，男。他从小就渴望长大后成为一名优秀的大学生，为国家作贡献。由于父母在外地工作，所以他从小就和父母分居两地，由爷爷奶奶和外公外婆带大。他从小就非常独立，性格沉稳，听话。他是一个非常孝顺的孩子，从小就帮着爷爷奶奶和外婆外公分担家务。在别人眼里，他是一名懂事的孩子。在上高中的时候，一次偶然的机会下，他认识了一位美术老师，发现了自己绘画的天赋。最开始，他把美术当成一种兴趣爱好，最后就决定通过艺考上大学。由于妈妈长年从事服装行业，他也受到了一些熏陶，最终在高考完，他也填报了服装设计专业。进入大学后，他在老师的引导下，不断地努力学好扎实的专业，一次次地荣获奖学金，这使他对学好专业技能有了极大的信心。在大三的时候，他决定考研，以求在专业上更上一层楼。

四年的大学时光已经过去了三年，珍贵的大学生活就快要结束了。回望这三年在大学中的点点滴滴，他的心中溢满酸甜苦辣。大学让他成长，让他成熟。这次他回顾自己走过的路，也是为了看清将来要走的路。

大一是丰富多彩的。开学后立即就开始了军训，来自五湖四海的同学互相认识、逐渐熟悉，在训练中互相帮助并慢慢建立新的友谊。在军训当中，他很不显眼，这也让他明白了要慢慢改变自己，使自己更加自信，具备应有的各种能力和品质。所以他报名参加了一些社团，也加入了学生会，希望能以此提高自己的综合素质。大一到大三，他从最开始的小部员一路干到了学习部部长。

对大多数人来说，大一的生活是轻松的，每天的课不多，也没有像高中那样的晚自习，有了更多自由支配的时间。大学的学习与高中相比，最大的不同就是高中有老师监督而大学没有，虽然有的老师比较严格，但绝对不会像高中老师那样成天督促学生。这些时间他像其他同学们一样，大多是用来挥霍的，比如在宿舍睡觉、刷剧，和室友出去玩。大一的第一学期就这样浑浑噩噩地过完了，迎来了大一第二学期。夏同学慢慢对颓废的大学生活产生了厌恶，他觉得这样的大学生活不是自己想要的，这不是自己高中奋斗时所向往的大学生活。他想起辅导员和家人经常说："在大学期间要多读书，不断提高自己。"这句话使他产生了去图书馆看书的想法。

第一次去大学图书馆的时候，夏同学被那些正在学习的同学震撼到了——只见图书馆内一片寂静，同学们埋头苦学。他们那种学习的精神让他敬佩，使他发现了大学的另一面，起初在图书馆看书的他会困，但看了看周围同学那种学习劲头，他暗自提醒自己即使困了，也要在图书馆睡会，绝不回宿舍。虽然以前室友经常调侃他又去图书馆睡觉，但是他知道习惯的养成需要一个过程。他逼着自己养成了几乎每天都去图书馆的习惯，养成了喜欢看书的习惯。这种习惯使他今后的学习非常受益，使他能安下心来学习，能坐得住板凳学习。

回顾大二，他印象最深的是有一次学校组织他们去上海参加国际时装博览会，这使他眼界大开。在这期间，他感受了很多第一次，第一次切身的感受时尚，第一次观看服装秀，第一次看到那么多的外国友人，第一次发自内心地认识到英语的重要性，第一次明白了自己是多么渺小，眼界又是多么狭隘。回到学校后，他又继续好好学习，提升自己的专业能力，并且顺带着每年也拿到了学校的奖学金，这也让他更加肯定自己，更有前行的动力。

由于经常去图书馆学习，他在无意中结识了一个和他有共同目标的女孩子，后来他们谈起了恋爱，并且基本上把约会场所都定在了图书馆，图书馆成了他俩的第二个家。他的女朋友从大一的时候就参加英语社团，跟着她，夏同学慢慢开始学起了英文。在她的不断鼓励下，他慢慢对英文产生了兴趣，也参加了社团，还专门去了哈尔滨参加培训，希望自己能尽快地进步。

一转眼就大三了，他在老师和同学的推荐下，成了预备党员。对于自己能加入党的组织，他感到非常荣幸，于是他决心好好提升自己，来报效祖国。于是他和女朋友商量了一下，决定走上考研的道路，并且目标院校是他们这个专业的前三。他们一致认为，只有进去中国比较高级的学府进行学习，学到的才会更多，接触到有才华的人也会更多，也就可以进一步从他们身上学到更多的东西来为自己所用，将来可以更好地报效祖国。

总之，三年时光是美好的，也是充实的。距离毕业还有一年的时间，在以后的日子中，相信他一定会更加严格要求自己，改正缺点，不断努力，不断进步。

大学是人生一个里程碑，里程碑的周围往往有着很多的岔路口，而毕业则意味着我们不得不去选择一条路继续走下去。庆幸的是我们还有一年的时间。最后的一年，让我们将感恩的心、激动的泪和深情的爱化作虔诚的祝福，祝福每个人都能够拥有美好的明天！

第二十一节
以师魄为轻舸，舞热爱之桧楫

嵇同学，女。从一开始的新生小白，到现在的大四"老油条"，她成了校园里辈分最大的一波。这几年她怎么过来的？很多事情已经无法回忆，隐隐地又好像一切都记得。她参加过社团，进过学生会，做过兼职，也有丰富的业余生活，可每次闲下来的时候她总觉得精神上还是会有些空虚。她只能做更多的事情去补充、去了解、去学习。有趣的是，她竟开始追星了。她说追逐一些遥不可及的人真的很有意思，会让她不断地去汲取更多的知识，会让她觉得与心里的身影产生靠近的感觉，会很幸福。

"三人行，必有我师焉"，这句话在大学尤甚。你遇到的每个人都会有一技之长，达者为师。四年，就是选择的过程，遇到的每个人、每件事，都会教会你很多。而毕业就是阶段性地检验你的对错，这个对错没有具体的标准。祸兮福所倚，福兮祸所伏，谁知道呢？一切都是最好的安排。

初入大学，辅导员给了她很大的帮助。在她迷茫的时候，有些话给了她很大的鼓励，帮助她正确认识了自己。第一节专业课是方老师的服装色彩课。方老师是一个优秀的老师，一节课的时间，他就给学生完整地讲述了什么是服装设计，让学生们对服装这个专业有了一个概括性的认知，有了可以努力的方向。方老师还带着她跟几个同学参加了第一届全国买手大赛，获得了金奖，以及"最佳销售奖"。

很多专业老师在告诉她大学是什么样的，作为一名大学生，学习自律是多么重要，她也有幸加入了张老师的工作室，耳濡目染中认识到服装是一个什么样的产业。虽然投出的稿件都如同泥牛入海般杳无音讯，可张老师还是会鼓励她们多参加比赛，在实战中总结经验。

她喜欢非常多的东西，除了服装设计，她还有对绘画的热情，这在集训后和考上大学后都不曾减淡。大一的绘画基础课上，专业老师胡老师给了她很多的指导，在课程结束后也邀请她加入自己的水彩兴趣小组。嵇同学常说她很幸运可以有这么多的好老师出现在她的大学生涯中。

她是一个很特别的小姑娘，衣着打扮稍显中性，喜欢挂着耳机，听的不是什么流行音乐，而是"我本是卧龙岗散淡的人……"之类的锵锵之声。很多同学都特别惊奇这件事儿，可她总说："不会啊，我身边很多这样的年轻人呢。"她身边确实很多，只要是长春能响起皮黄之音的地方，都留下过她和朋友们的足迹。她时常跟小伙伴们相聚在饭店吃饭聊戏，或者去吉大南区跟那边京剧社的伙伴们活动。

她非常喜欢发朋友圈，平均每天都会发三四条。很大一部分是在发她的偶像。没错，她是一个狂热的追星女孩。最后一个暑假，她还去长沙参加了她"爱豆"的线下活动。回来之后她逢人便吹偶像的好，企图把她身边的女孩都感染成"××女孩儿"。她的活力很能感染周边的朋友们，至少现在她"爱豆"的路人缘很棒了。她从这个演员身上真的学到了很多，毕竟现在她 PS 的水平很大一部分是从追星那里得到的提升，给他画画，看视频课努力地学习，丰富其电脑技术。她的电脑技术也确实得到了很大提升。不得不说，这样来看，追星其实也挺好的。偶像也是非常优秀的，让喜欢他的人与他一同在正路上前行。

她的业余生活就更丰富了，除了京剧、绘画、追星外，她的兴趣是摄影。她喜欢人像摄影，时常邀请自己的伙伴出来拍照。她还时常上网搜集各种资料去学习如何拍人像。她最感兴趣的还是拍京剧舞台影像，这让她非常着迷。如何把京剧艺术最好的东西留在照片上，真是需要大量的功课，需要反复地观看和仔细地复盘，这样一来，到了现场她就能很快地把握机会，定格最美的瞬间。

"雨濯梅林润，风清麦野凉"是她的人生格言。她喜欢这四年在大学认识的每个人、做的每一件事，她觉得这些都特别有意思，都值得她铭记一辈子。

第二十二节
以梦为马，诗酒趁年华

徐同学，女。与很多初来大学的学生一样，她也曾在高中与大学天壤之别中"居无定所"，空过白日，蹉跎了些许岁月，但在师长的潜移默化中，她渐渐明晰光阴为百代之过客，开始惜时。

"有些诗写给昨日和明日，有些诗写给爱恋，有些诗写给从未谋面，却在日落之前也从未放弃过的理想"，而现在，她则要写给那如诗的青春——大学时光。

常听人赞颂大学，说它是怎样的无拘无束、海阔天空。但是，对她而言，似乎并不是这样的，因为经历了近一年的大学生活，她发现自己的大学生活跟想象中的不一样。

在大学的校园里，上课的教室是不固定的，所以，每天她都必须为了上不同的课程而多次转移阵地。如此"曲折"的上课经历，让她感到惊奇和难以置信。而除了上课时间，其他的空余时间都是自己安排，没有固定的教室，也没有老师时时刻刻盯着的自习，于是她开始彷徨，似乎除了正常上课时间，大多数的空余时间都是无所事事。也许所谓的无拘无束只是指没有了繁重的作业，没有了从早到晚的课程，没有了老师逼迫的自习……与此同时，迷茫与不自信也都陆续向她袭来。让她没想到的是，一次偶然的机会加入了社团彻底地改变了她的生活。

大学伊始，社团的招新活动就开展得如火如荼。面对各种各样的社团，她也充满热情和期待，填了两个向往已久的社团招新表格后，接下来就是一轮又一轮的面试——出乎其意料，她都通过了。在社团工作的日子，没有她想象中的轻松，因为所选的部门职能繁多，她一直在教室与办公室之间忙忙碌碌，学习之余的时间几乎就这样被瓜分了。但和伙伴们一起工作的日子总是快乐又满足的，她第一次懂得了什么是团结合作，她学会了怎样去和工作伙伴相处，在能力上也得到了很大的提高。就这样，她和伙伴们一起为部门的工作而努力着。付出就会有收获，这也让她更加坚信一句话："一朵孤芳自赏的花只是美丽，一片相互依恃而怒放的锦绣才是灿烂。"

时间就这么平淡而又充实地过着，她以为上了大学跟老师的交流就是短短的一个半小时，没想到的是，她从中学到的不仅是知识，更多的是学习方法乃至做人的道理。她印象中的老师大多是中规中矩，基本上都是戴着厚厚的眼镜，理个"教师头"，西装革履，一张口就是浓重的学术味道。段老师的出现却让她改变了这种印象。段老师虽然是一位女老师，但却是她见过的最严厉、最有气场的老师。段老师上第一节课，一开口就给他们一个下马威："你们其他专业课老师都是很温柔的，他们会给你们带来春光般的温暖，而我的存在，就是为了告诉你们一件事——大学，不是这么好混的！"

在上完第一节课后，她就明白了——这是一位严厉却又知识渊博的老师！她以独特的人格魅力和负责任的态度让她清楚了大学并不代表好玩。大学是走向社会的起点与奠基石。在大学，老师不会再压着学生学习，不会再经常考试，也不会对学生耳提面命，教大家怎么做，而是将学习的方法告诉学生，点拨学生。

起初，还是菜鸟的他们，面对老师犀利的言辞和严厉的要求多少有些畏惧。徐同学也怕段老师，不单单是因为段老师强大的气场，还有对她学问孜孜不倦的追寻与探索。她敬畏于老师渊博如海的学识，也羞愧于自己单薄肤浅的认识。有时候老师提问她都不敢举手回答，生怕自己的看法不对。那时候才知道，以前自诩学得多也只是流于表面罢了。就这样，她开始去图书馆查资料，去看那些老师讲到的书，在学到知识的同时也学到了如何自学。

老师让她学到的另外一件事，就是"自信"。这两个字说来简单，做起来却很难。尤其是像她这种容易紧张害羞的人，上讲台都很难克制住手抖，更别说要上去讲解课件、分析课题了。可是老师却要求他们每个人都要上去讲解自己分配到的课题，这让她心慌又害怕。看着有的同学对于老师的提问无言以对、手足无措的样子，她心中又有些埋怨："老师你的要求再低点就好了，我们哪能做得完美呢？"但为了"不被骂"，她又只好豁出去，用大量的时间来准备。期间花费了无数心血，却依旧有力不从心的感觉。此时她也体会到了老师们备课的辛苦。原来，教师这一职业并不像她想象的那么容易。她要想成为一名教师的话还需要付出更多的努力，搜集更多的资料去归纳整理，以形成自己的论点与论据。同时她想起了段老师留给她们的电话，鼓起勇气向她请教一些疑难问题。她原以为会被"骂"，没想到老师居然一反课堂上的严厉，很温和耐心地回答了她，让她豁然开朗。"我很欣慰你能认真地对待学习，不要害怕出错，老师相信你！"简单的几个字，让她内心暖流阵阵——原来被别人肯定是一件这么开心的事。等到真正走上讲台那天，她突然觉得自己并不紧张了，她知道自己已经尽了全力，所展示的成果不管是对是错都是最好的。结束时，同学们的掌声和老师赞赏的目光终于让她松了口气。

优秀的老师对于学生来说就是一杯温暖人心的热茶。他们往往会带给你触及心灵深处的启示。段老师就是这样一位老师。他们喜欢她，因为她"潮"，因为爱她较真，更因为她对职业的那份"奉献"。段老师不仅是他们的良师，更是他们生活中的益友。

在生活中，徐同学总希望快乐伴随着成功，微笑在每一个青春的岁月里。她深知：有大海的呼唤，我们就不能让搏击的勇气在海浪中却步；有蓝天的呼唤，就不能让纷飞的翅膀在暗云中退化。

如果说人生是一本书的话，那么大学无疑是她阅读过的最精彩的一页。尽管她觉得大学的生活并不轻松，反而是另一种辛苦。可是，她依然愿意享受地去品读其中的字字句句，用深情去朗诵这首青春的诗。如果说人生是一台戏，那么大学生活便是戏中最精彩的一幕；如果说人生是一次从降生到死亡的长途旅行，那么拥有大学生活的我们，便可以看到最灿烂的风景。

然而在大学生活的画卷徐徐铺开时，往往在寻觅的尽头，并不都是"那人却在灯火阑珊处"的喜悦。这个时候的我们难免会迷茫、徘徊，然而时间却从不会停下它的脚步，正像朱自清写的那样："洗手的时候，日子从水盆里过去；吃饭的时候，日子从饭碗里过去；默默的时候，便从凝然的双眼前过去。我觉察他去的匆匆了……"是啊，时间如流水，而我们的人生还有很多要做的事。

我们都是有梦想、有追求的人，不要因为路途艰辛就放弃了前进的脚步。追寻梦想的过程是苦涩的，但只有经历过磨砺的人生才会拥有更多内涵。不要让不安的心被浮躁占据，而要驾起灵魂的翅膀在校园里汲取知识，在不同层次的人群里学着更好地做人。四年的时间里坚持很难，放弃却很容易。我们应该始终坚信冬天来了，春天就不会远了，没有度过寒冬不知春天的温暖，没有走过沙漠不知水的甘甜，没有经历过失败便不会懂得成功的喜悦。因为年少轻狂，我们很可能会失败，可也正是年轻给了我们勇往直前和永不言弃的资本。以梦为马，诗酒趁年华。我们最不缺的就是时间，我们最缺的也是时间，何不在最好的时光里以歌为伴，以酒助舞。只要我们满怀激情踏踏实实地走好脚下的路，终究会取得胜利。

不要停歇，惜取桃李年华的朝夕吧，莫把岁月蹉跎，未来属于你！

第二十三节

桑榆未晚学不辍，兴之所至艺自通

于同学，女，辽宁锦州人，所学专业为服装与服饰设计，热爱手绘、手工DIY、听民谣和看电影。

时光匆匆，距离她来到吉林工程技术师范学院学习服装与服饰设计专业已经三年了。

大一刚开学的时候，她来到长春，人生地不熟的她以为自己会没法适应这里。没想到的是，她遇见了一群活泼可爱的室友，大家都对她关怀备至，一起学习、一起玩。在她们的身上，她也学到了很多。大一开学时，她的床单、被罩都是室友帮忙套的。她也很懒惰，总想要逃课，但是她的室友都是认真学习的好孩子，每次她想逃课，室友都会把她拉到课堂上。感觉到了来自天南海北的室友的热情，她表示很庆幸自己能遇见一群积极向上的室友。在大一刚入学军训的时候，她就感受到了来自辅导员的关怀。在炎热的夏天，辅导员给大家送来了西瓜。那时候她就觉得，上大学真好，身边的人都很不错。

刚升入大学的时候，她对未来是没什么打算的。除了日常去上课，其余的时间她都选择放松自己。后来，她选择加入了学生会，去了她喜欢的宣传部，负责绘制活动海报。那段时间的经历也让她难忘。假期的时候，她会和她的室友们在长春这座城市里去景点和各处走走，有时候也会和朋友们一起去附近的城市玩一玩，体会不同地方的风土人情。她时不时听一场民谣，看一场京剧，丰富自己的业余生活。假期的时候，她也选择去做兼职。在长春零下20℃的天气里和室友一起发传单的经历，让她深刻铭记挣钱的不易。

时间过得很快，一年转眼间就过去了。这样的日子持续到大一的期末，她开始意识到，自己或许应该把心思放在学习专业知识上了，要为自己的未来做打算了。马上，过了一个夏天，升入大二了，她开始认真对待每一门课，认真对待课后作业。而假期兼职，她也是有选择性地去做。教小孩画画，对她的耐力有了提升；去画墙体绘，一画就是一天，真的很辛苦。她慢慢地学会了吃苦耐劳。有时候她也会去图书馆借两本专业相关的书籍来看看。慢慢地，生活以另外一种方式充实起来，她觉得这样挺不错的。就这样度过了第二个学年，而这一年的努力学习也使她得到了国家励志奖学金。接下来她更加认真，还加入了皮雕工作室，学习皮雕。

大三的时候，专业课比较多，老师们都和她说应该多多参加服装大赛，来丰富自己。期末的时候，辅导员找每一个人谈话，问到她未来的打算时，她说她想好好学习专业课，以后做服装相关的工作。辅导员和她说她可以多多参加大赛，因为这不仅可以丰富自己，还可以在每次参赛过程中学到很多平时学不到的知识。

从那开始，假期或者业余时间，她开始在网上找课程自学了 PS 和 AI，在业余时间勤加练习，多多画图。每一次参加比赛都从中收集灵感，到绘制线稿、电脑上色、绘制细节，再到打印，粘贴面料小样，邮寄，从开始的什么都不懂，变得越来越熟练。她说她不在意结果是怎么样的，至少这样自己会学到很多东西，充分利用课堂上老师讲的知识。每一次都比前一次有进步，这就够了。在大三的寒假，她还去了北京，去学习了大赛课程。这次外出学习对她的影响很大。在工作室，她认识了许许多多来自各个地方、各所学校的朋友，她才知道除了身边的人，其他地方学习服装设计的同学也是那么努力。他们经常画稿画到凌晨两三点，中午休息都抓紧一切时间学习。半个月的学习，让她对参加服装大赛有了更深的了解。大三下学期，她考取了化妆师高级证书，所以业余时间通过老师的介绍，也兼职去给别人化妆，为系里活动化妆。现在升入了大四，她开始了实习，马上就做毕业设计了，相信她会越来越好。

在这三年的学习生活中，她每天都很开心，因为她所学的专业与小时候就喜欢的美术有一定的联系。她一直觉得兴趣是最好的老师。大学这三年，她也对自己的专业有了新的认识，对服装设计的兴趣也越来越浓厚。大学期间，她都认真学习自己的专业课内容，也深刻体会到了学习自己感兴趣的专业会让自己更加认真的道理。

第二十四节
师生共砺金石录，益友相伴韧可发

韶同学，她阳光开朗，从小喜欢写写画画，所以家人让她学习了画画。长大后，画画成了她考试的一门科目，慢慢地，兴趣也减退了。因为对服装设计师的钦佩，大学的她学习了服装，希望可以穿上自己设计的衣服，可以变成一个优秀的人。大学期间，她获得过二等奖学金一次，三等奖学金四次，在2015—2016学年上学期获得服装工程学院书法大赛二等奖，2016—2017学年在"创先争优"活动中表现突出，被评为自强自立标兵，并在"学生技能展示活动月"之英语书法大赛中获三等奖。此外，她还获得了第八届长春市大学生运动会文艺演出优秀奖。

大学时间一晃而过，都已经大四了。一想到过去四年，她就不禁泪湿眼眶，几年时光依然历历在目。2015年，她在家人的陪伴下来到了这所大学，那时候的她懵懵懂懂。离开她熟悉的地方，迈进大学校门，她既紧张，又对周围的一切充满了期待与好奇。在看着家人背影渐渐远离后，她开始了真正的大学生活。

大学朝夕相处的便是舍友，她们一起度过了最精彩的生活。每个人都有自己的特点，却也有着不同的习惯。她们不断磨合，直至亲密得无话不说，每个人的性格脾气都发生了变化。她们起初不了解彼此，会因为某句话而误会对方，后来她们也学会了谦让和忍让，更能站在彼此角度处理问题。她们在吵闹嬉戏中成为彼此大学生活中最重要的伙伴。

大一刚加入学生会时，她什么都不会。每一次的任务都是一种历练，她在学生会不仅学会了工作方法，更学会了为人处世，也交到了好多朋友，拓宽了人际关系。

大二的时候学校有一次去上海学习的机会，她出去见识到了好多时尚物品，开阔了眼界。

大学中给予她指引的还有老师。刚入学首先见到的便是辅导员。辅导员曾说过自己和他们父母年龄相仿，以后有什么事可以找他。辅导员没有食言，军训时，烈日炎炎，辅导员为他们送来切好的西瓜，让他们成了全校羡慕的对象。之后的每一个端午节，辅导员都早早起来去给他们买粽子和鸡蛋，仿佛他们的家人，时刻关心着他们，照顾着他们，让她感受到了大学的温暖，体会到了老师的良苦用心。在每个思念家人的日子，辅导员总会送来关怀。辅导员尽职尽责，做事认真，用每日一句来教导他们如何做人做事，指引他们如何度过大学生活。辅导员为了给考研的同学交流讨论的机会，举办了茶话会。平时，辅导员也会时不时问他们学习的情况，关怀无处不在。辅导员的教诲和关怀让他们学会成长，得以充实地度过大学生活。

有一段时间里，大家都处于迷茫期，不知道未来如何规划，如何度过大学生活，辅导员特意找每位同学谈话，问大家的心里怎么想，然后根据每个人的情况给出不同建议。那次辅导员使她确定了考研的目标，告诉她不能荒废大学时间。辅导员让她多参加活动，学会多个技能和爱好充实自己，这使她受益匪浅。最终，每个人都有了奋斗的目标。

还有他们的专业课老师，张老师，他教学认真，细致。每次有问题问他，张老师都不厌其烦地教她。她起初很不耐烦，后来被老师影响，开始慢慢变得耐心起来。课下他们一起开玩笑，一起讨论，一起闲聊，互为良师益友。还有胡老师，那次上课天气特别热，下课老师给他们买了雪糕，让他们解暑。

大学的许多人、许多事都给她很大的帮助，是她成长的指路明灯。一路走过来，她感觉自己挺幸运的，也很感谢身边每一个人的帮助与关爱，是他们丰富了她大学生活，让她的大学生活绚烂多姿。

第二十五节

不倦师训铭于心，浪子回头终有时

翟同学，女，就读于学校服装设计专业。

2015年9月，一张火红的入伍通知书，让她从一名大三学生变成了即将奔赴军营的新兵……

初入军营的她，面对部队里的各种规章制度，她很是不理解、不习惯。每天早起叠有棱有角的方块被，重复在太阳下的军姿队列训练，下午令她害怕的体能训练，晚上随时都有的紧急集合……新兵营四个月，她几乎都是在无奈与劳累中度过。可是在离开新兵营的那天，她却难过地流下了眼泪，很是不舍。她说不清是什么感觉，就好像走进了一个大熔炉，在里面挣扎过后，内心得到了改变。原本讨厌的条令条例、稍息立正、大声喊到、有事报告，深深地镌刻在她的脑海里，随之成了一种习惯。

下连后，她被分到了通信连话务班，从开始背号码的枯燥、严格的考核，到最后独立，一切都需要去付出。机上一秒钟，台下百日功，"脑功、耳功、口功、手功"是话务员的四项基本功。听上去不复杂，可真正达到"脑功活、耳功清、口功热、手功巧"，没有"一番寒彻骨"就难以实现凤凰涅槃。他们的闯关考试只有两种分数：100分或0分。全部答对，100分，过关；有一处错误，0分，从头再来。虽然有时她想过放弃，但每次想到班长、战友的关心和帮助，她就会告诉自己，要坚持，坚持下去就是胜利！

回想她的军旅时光，没有豪情壮志英雄事，有的是日复一日的岗位坚守。优秀士兵的荣誉是对她日常工作的肯定。她虽是武警机动部队的一员，不会到达战场一线，但各项通信保障工作都是为前线战争所服务，也是没有硝烟的战场。每次站在军容镜前，看着身穿绿军装、剪了短发、皮肤粗糙的自己，她觉得自己没有了从前的娇气。现在她是女兵，不是文弱的女孩子，拥有了新时代女兵的精神风采，这是另一种形式的美！

时间是最公平的，也总是在无意间溜走。刚到军营的她觉得两年好漫长，真到出最后一次操、站最后一班岗、穿最后一次迷彩，她才意识到时间过得好快好快，仿佛一切都在转瞬间消逝！是的，她退伍了！离开了那个开始让她想要逃离、后来又让她爱的军营大家庭！是它让她从稚嫩走向成熟，从轻狂变得稳重，让她学会了苦中作乐，教会了她勇敢、忍耐和执着，带给她不一样的热血青春，让她收获了战友情深。当兵让她成为更好的自己。

殊途各向天涯去，不曾忘记是相逢，情思写在情深处。两年的时光好像一场梦，一场做不完的梦。可当她卸下军衔的那一刻，它却告诉她，这两年并不是梦……

趁青春正好，勇敢尝试不寻常的生活。但为人间春如海，不悔云裳换戎衣。

2017年回校的她继续完成学业。退伍回来后，她就告诉自己："在大学里，每个人都是我的老师，每个地方都是我的课堂，每段时光都是我的学期，大学不只是学习的地方，还是锻炼自我素质的地方。我一定要好好把握校园时光。"

她很感谢她的两个导员，辅导员和赵老师。回来后，复学，入寝，各种签字，都是赵老师不厌其烦地帮助她，带着她跑这跑那。她的现任辅导员，也经常教育她，鼓励她，端正她的思想和学习态度，致使她没有继续思想松懈下去。

在她的印象里，辅导员是一个幽默风趣、十分睿智的人，同时也是一个特别爱唠叨的人。面对他们这群"90后"大学生，辅导员一次次地重复"要注意安全""宿舍卫生要打扫了""要好好学习了"……日复一日，年复一年，就像父母一样操心着，跟在他们的后面，希望他们天冷了穿衣，天热了减衣，感冒了吃药，生病了看医生。端午节的时候，辅导员还给他们发鸡蛋和粽子。

在2017年，她结束了军旅生涯，脱离了军营的严格管理，如同一只初出樊笼的鸟儿，面对外界环境时曾一度迷茫与无措。然而，经过一段时间的适应和调整，至第二个学期时，她已成功找回了自我，步入了稳定的生活和学习轨迹。在闲暇之余，若偶遇辅导员，辅导员亦会关切地询问她的学习与生活近况，表达了对她的深切关怀。

有人说辅导员是一种职业，有人说辅导员是一种称呼，有人说辅导员是保姆，有人说辅导员是朋友。但是此时此刻她想说："辅导员是我们成长路上为我们指明方向，时刻替我们操劳，永远挂念我们的家人。我印象里的郭老师大概是这个样子的：睿智明眸，洞察学生心理，明了学生状态；德智育才，关注学生发展，培养青年品德；胸有丘壑，千百学生，如数家珍；披星戴月，一丝不苟做工作，反复核查求精准；心中有党，苦心劳力不求名，一身正气扬党风；工作有法，管理有方，育人有道，自我有章。"

第二十六节
翻篇往事，可追未来

巫同学，女。匆匆的大学时光，让她从天真的大一新生，逐步成长为一个深谋远虑、勇于面对未来的青年。她的每一个经历都值得被记住，每一步成长都显得珍贵。这就是她，一个普通却又独特的大学生，一个在生活的磨难中学会坚强与自立的女孩。

大一刚开学的时候，她对大学生活满怀期待。课余时间，她和室友找到了一份兼职工作，每天一大早就满怀期待地去上班。刚开始她们信心满满，可是在工作中却屡屡碰壁。当时她们干的是话务员，工资是每打一通有效电话算的。一天下来，她们打了很多电话，可是有效电话寥寥无几。下班的时候，结算工资的小会计和她们说，再打2小时电话，工作8小时会有补助，当时她们想，既然都来了，再多待2小时也没什么。她们又回到了电脑前，终于熬过了这漫长的2小时。去领工资的时候，小会计却和她们说，她俩不能有补助，因为中午吃饭的时候休息了半个小时。当时她们很生气，出门的时候已经是6点了，已经天黑了。筋疲力尽的她们，想找一个超市，换零钱坐公交车回家，可是外面只有高架桥、各种写字楼、马路，她们走了很久都没有找到超市。这时，迎面走来一位阿姨，她们上去就问阿姨附近哪里有超市，阿姨问她们要干什么，她说要去超市换零钱回学校，这时阿姨从包里拿出了两块零钱塞到她手里说："姑娘快回去吧！"她拉住阿姨，说她不要，她们就想找个超市。阿姨说，附近没有超市，让她快去坐车吧，天都黑了。后来她们要加阿姨微信转给她，阿姨也不要，把钱塞给她们后转头就走了。她们和室友嘴上说着谢谢阿姨，心里却很不是滋味。后来她们俩坐上公交车就哭了，心里的感受不知道要怎么形容，唯一能说出来的就是委屈。再后来，她们又找了电话销售的工作，卖家具。这个工作要比上一个靠谱一点，虽然离学校很远，但是五天下来也挣了350元。那是她第一次靠自己的努力挣到钱，也是她第一次感受到挣钱的不容易。

记不清是什么时候，她们上了辅导员的职业生涯规划课。她还记得在课上，辅导员问她以后要干什么，她说她要考研，如果考不上她就回家当美术老师。当时辅导员就说："如果你总给自己留后路，想着考不上怎么办，那你一定考不上。你就要想着，你就要考研，一定要考上，不能总给自己留后路！"当时她就是那么一听。大二的时候，她对考研这件事开始动摇了，学习也就怠慢了。她当时每天下课背着书包就去小公园摆地摊，和室友卖荧光棒……

转眼间，大三了！这一年，二哥北漂三年回到了家乡，原因是学历不够，待在北京也看不到希望！二哥在社会上摸爬滚打的这些年都经历了什么，她只能感觉到二哥变了，不像曾经那么开朗了，说话也不像以前一样肆无忌惮地开玩笑了。那一年二哥很颓废，也很迷茫！二舅老了很多，二舅妈的脾气也暴躁了很多，这件事给她触动很大。她害怕毕业以后找不到合适的工作，更害怕她成长的速度赶不上爸妈变老的速度。就这样，她害怕了很久，担心了很久。最终，她下定决心要考研。她和爸爸妈妈说了她心里的想法，他们很支持她，也觉得她长大了不少。就这样，她开始四处找补课班，当时辅导员也给他们找上一届的学长学姐们用的一间自习室，也让他们去感受一下学长学姐的学习氛围。

当时距离 2018 年考研还有 200 多天吧，她看着黑板上的数字一天天减少，没有太多的感受，只是每天在画画、画画，还是画画。

假期的时候，她去参加了暑期集训营。一个阶梯教室满满当当全是学生，上英语课的时候，老师问什么总有人能回答出来，而她却什么也不知道。学了这么多年，她像张白纸一样。她虽然每天很早起来去教室抢了前排的座位，可是面对她身后的那些吉林大学的、东北师范大学的……她简直是不敢想象。她很自卑，觉得自己不行。她每天闷闷不乐，导致晚上失眠，睡不着。后来由于她的专业课作业很多，不得已在别人课间休息的时候画画。突然有一个同学问她："这是你画的吗？画得可真好。"那个同学说他很佩服画画好看的人。瞬间她就不为自己学习不好的事而自卑了。至少她还会画画。慢慢地，她习惯了每天忙碌的生活，也不再怕什么都不会了，压力也小了不少。她开始计划什么时候学，什么时候干，学习生活也步入了正轨。

那时，距离 2019 年考研还有 103 天。回想起辅导员当年和她说的话，她不再焦虑，也不会再给自己留后路！

过去的大学生活等到自己再回味的时候，都已经成为过去了。现在最重要的就是珍惜现在，掌握未来。在最后一年的大学生活，她觉得自己还有很多事情要去完成，一定得抓紧时间计划计划。在将来的大学生活中她也会更加珍惜时间，把自己该在学校完成的学习努力地完成，把自己应该奋斗、该取得的文凭都拿到，根据自己的实际情况去完成自己所能做到的事情。

第二十七节

整饬表里担使命，镌刻青春植哲思

钟同学，特别注重个人能力的培养，积极向上，服务同学，热于奉献。

在思想上，他积极进取，关心国家大事和时事政治。他参加了吉林工程技术师范学院第四十九期党校培训，并以优异的成绩顺利通过结业考试，取得结业证书。同时他还参加了吉林工程技术师范学院第二期青年马克思主义工程培训，积极参加组织的各项活动，包括志愿服务活动等。

在工作中，他认真负责，努力完成老师交代的各项任务，在老师和同学间真正起到了桥梁作用。他在班级担任生活委员，在院学生会担任生活部部长。

在学习上，他刻苦认真，抓紧时间，不仅学习好学科基础知识，而且学好专业课知识，在课堂上积极配合老师的教学。他获得奖学金两次。

人生只有一个十八岁，每个人都希望在十八岁的时候能开启一个不一样的成熟的人生。也许，这个时候一个好的领路人是不可或缺的，辅导员这个角色随之第一次进入了他的生活。不同于高中的生活，一般的任课老师不再会面面俱到、耳提面命地教导，甚至学生想找老师请教一些大学生活的问题，也变得不甚方便。这个时候，辅导员就像一个好朋友走进他的生活。

还记得，在未入学之时，因为想要参军入伍，保留学籍，他就已经添加了辅导员的微信。他与辅导员有过好几次的沟通交流，也因此从中感受到辅导员是一个特别爱护学生的老师。当他第一次来到学校，见到辅导员时，辅导员告诉他，他为自己的学生能够参军入伍而感到骄傲自豪。

遗憾的是，天不遂人愿，因为名额分配问题，他最终没能够顺利参军入伍。那时候的他，感觉自己茫然无措，没有目标了，完全不知道该怎么办，觉得前方一片迷茫。他为了参军入伍能够保留学籍，花费了那么多时间和精力，从江西不远千里来到学校报名保留学籍，最后的结果却是这样，这让他一时间难以接受。父亲告诉他："孩子，去大学吧！那里有你的同学和老师们，在那一切都可以重新开始。"他听了父亲的话。后来他给辅导员打了电话，说明了情况，辅导员只说了一句话："那就回来上学吧！"就这么一句话，让他感动了。

他知道，其实辅导员为他参军入伍保留学籍的事情忙了很久，但是当听到自己的学生要回来上课的时候，辅导员只是欢迎他回来，并没有说别的什么。这便是辅导员的育人教条，以宽宏之心，时时刻刻呵护着自己的学生。

他和辅导员的故事当然没有就这样结束，故事才刚刚开始。

买好车票，拒绝了父亲相送，他一个人上了去学校的火车。在快要到学校的路上，辅导员发来了短信，关心他是否到达了学校，让他路上一定要注意安全。因为晚来了学校，他被分配在了混合寝室住宿，刚到学校没多久，辅导员又发来短信，问他今晚住宿问题是否解决，有没有寝室住宿，是否有被子。每一句话都包含了辅导员对他的关心和爱。

在第二天采集新生信息的时候，他来到了辅导员的办公室，这已经是他第二次来到辅导员的办公室了。上一次只是来报名保留学籍，这一次，却是要在这所学校生活四年。不知道为什么，这一次他来到辅导员办公室，感到辅导员特别亲切。辅导员在录入信息的时候，又关心起了他的生活，问他在这里是否住得习惯，吃得习惯，有没有什么困难。一次次的关心，一次次的爱，他感觉是辅导员真的把学生放在了心里，用心去对待。一次次无微不至的关怀，让他看到了一个优秀辅导员老师是什么样的。虽然辅导员不是无所不能的，但是辅导员一定是最关心、最爱护自己学生的老师。辅导员把学生当作自己的孩子来对待，无私奉献，不求回报。

大学生活开始了，对于他来说，一切都是新的，老师是新的，同学是新的。在新的班级，开始了新的竞选，辅导员也来到了班级。激烈的竞选在进行中，两位同学竞选后辅导员让他上去参加竞选演讲。他很意外，没想到辅导员这么相信他，给他这个机会。在辅导员的鼓励和同学们的支持下，他上台演讲，并成功当选班级生活委员。从那之后，他便觉得自己应该好好干，才能不辜负老师的信任。他十分感激辅导员，感谢辅导员给他这么一个机会。在担任学生干部的时间里，辅导员和其他同学们都真切感受到他踏踏实实、认真做事工作的态度。

一学期转眼间就过去了，第二个学期刚开始，辅导员就找到了他和一些同学们，准备一起做一个创新创业训练。或许他有一些稍微不那么突出的地方，但辅导员仍愿意一次次给他机会，因此他觉得非常荣幸。他感谢辅导员给他的机会，让他得以锻炼自己，不断提升自己，在前进的路上能够越走越远。读万卷书不如行万里路，行万里路不如名师指路。他曾感慨，辅导员就是他的名师，没有辅导员的默默付出，没有辅导员的指路引导，很难有今天的他。辅导员就是他的伯乐，他的知己。

今天的他或许不是特别优秀，但是比起两年前，他已成长了许多。由此观之，一个懂得引导学生的老师的重要性不言而喻。

第二十八节

纷繁浮世心如初，葳蕤隽语自生光

周同学，女，2019级学生，曾任院系团委副书记、班级副班长和辅导员助理。

她的大学，携稚嫩而来，载成熟而归。回顾大学这四年，那些旧时光断断续续、隐隐约约，远远望去，虽然都是一些简简单单的故事，但是一笔一画却真真切切地勾勒出了今天的她。初入大学时，周同学是一个比较内向的女孩，和老师、同学们的沟通比较少。但加入了学生会后，经过一段时间的熟悉与融入，她不再默默地做自己的工作，而是懂得了多与老师沟通，与同学们合作。她通过自己的不懈努力，取得了一些成绩。在思想上，她积极要求进步，加入了中国共产党。在学习上，她获得了省奖、国奖等一系列奖项。这些成绩都离不开老师们的谆谆教导和悉心培养。

其中一位老师是董老师。董老师重视班风、学风建设，重视每一位同学的学习成绩，会经常和班长了解同学们学习上的一些问题，也会在班会上强调专业学习的重要性。只有拥有良好的班风，才能够有效地影响全班同学的思想和行为，才能够决定班集体的发展方向，加强班集体的凝聚力，提升大学生个人素质。只有拥有良好的学风，才能够保证大家的学习态度，促进学生奋发图强。在课后，董老师重视提高学生的实践能力，鼓励并带领我们进行社会实践活动，在实践中发现问题，运用所学专业知识解决实际问题，达到学以致用。同学们在社会实践的过程中大大提高了自己的组织能力、协调能力、交际能力和应变能力等。在生活中，董老师对同学们也是非常关心。还记得有一次寝室进行装修，在开学前董老师对每一个寝室进行检查，以确保同学们开学后的安全。在开学时同学们需要搬运行李，董老师带领志愿者同学一趟又一趟地帮助大家，不辞劳苦。董老师对我们的关心和帮助体现在了方方面面。得遇良师，何其有幸！

周同学要感谢的第二位老师是学院团委的郑老师。她第一次见到郑老师是在职业生涯课上。当时周同学只是觉得郑老师讲课很有趣。在她加入学生会后，她才知道郑老师也是学院的辅导员老师。在日常的工作中，郑老师的那份积极和负责任的态度深深影响了她。四年的耳濡目染、四年的言传身教，让她学会了认真对待每一份工作，从失败中总结经验教训，不断提高自身的综合能力。在学生会的工作中，郑老师经常跟他们讲要懂得跳出自己的舒适圈，离开一个原本熟悉的环境，才能够更快地成长，更好地独立面对事情。同时，作为学生干部要勇于奉献，为同学们更好地服务。虽然在学生会的工作中，周同学犯过很多错误，但郑老师每次都会耐心地教导她，每一次教导都是出于对她的关心和期望。郑老师的尽心尽责令她深感敬佩。虽然被学生会的各种工作裹挟着向前跑，但当周同学回想起来，却感叹自己学习到了很多。同时，那段忙碌起来的时光也让她过得非常充实、非常快乐。在日常学习生活中，每当她遇到一些困扰，郑老师总是耐心倾听，并给予建议和指引。在她因面对教师资格证考试的压力而焦虑时，郑老师也会安慰她，总是相信并鼓励她，让她有信心面对挫折。她最喜欢的老师是郑老师，是郑老师教会了她纵使面对人生道路中的荆棘，也要不忘初心，砥砺前行。彼时，郑老师是一束光，照亮了前行的路，点燃了她对远方的期待。在毕业典礼上，郑老师眼含泪水说舍不得她，她同样也舍不得郑老师。

战老师是他们专业的一位老师，在周同学心里，战老师是一位非常和蔼可亲的老师，她总是带着微笑和温和的眼神走进教室。她的微笑不仅是对学生的问候，更是一种对知识的热爱和对教育事业的热情。每次她微笑着走进教室，都让同学们感受到无比的幸福和温馨。在课后，同学们都亲切地称呼她"妈妈"。同时，战老师也是一名敬业的好老师，她耐心负责、一丝不苟的工作态度和极强的专业性让周同学受益匪浅。战老师是周同学的毕业设计（论文）指导老师，在大学四年的专业学习上给予了周同学很多帮助。尤其是在毕业设计期间，从最初的毕业设计方向与论文选题，到后来的毕业设计制作实物、论文修改和定稿，战老师一步一步地指导她，一点一点地帮助她修改。记得在毕业设计最开始的那一阶段，她非常迷茫，不知道自己应该要选择什么样的内容，是战老师一直鼓励她，给她介绍了很多设计实物，给了她很多的启发。后来她终于确定了选题，战老师给她提供方向，告诉她应该从哪里入手进行设计。每次她找战老师修改设计内容，战老师总是第一时间回复她，给她一些专业性的建议。在实物制作的过程中，老师也给她提出了很多的宝贵建议，比如运用什么样的材料才能将实物制作得更逼真、更精细。在毕业设计展览期间，战老师也耐心地指导她如何布置毕业设计实物。周同学开心而又不舍地说："真的非常感谢您的悉心指导！在就业方面，您也一直给我建议，指导我的简历和个人作品集的设计，解读就业相关政策文件。我一直觉得您是一个很好的老师，万分有幸遇见了您！"

第二章

学生干部成长

　　学生干部是学生工作的重要支撑与中坚力量，是联系老师和学生的重要桥梁，还是推动校园文化建设、优化教育环境的重要力量。每一位学生干部都如同远行的旅者，肩负着使命与责任，奔赴在大学四年的征途之中。在这崭新的舞台上，他们不仅要管理和引领同学共渡学术海洋，还要磨炼自己的工作能力。通过参与管理和组织各类活动，他们学会在工作中找到整个集合体的共鸣和谐振，提升自身的组织协调能力、沟通能力以及解决问题的能力。这些能力的提升对学生未来的就业和生活都具有积极影响。同时，学生干部还需要服务同学，解决同学们在学习和生活中遇到的问题，这种服务意识的培养对增强其社会责任感和集体荣誉感至关重要。

时间如白驹过隙，四年的大学时光转瞬即逝，在这短暂的岁月里，他们中的不少人完成了从部员到领袖的角色转变。这无疑是一场对精神和能力的严峻考验。他们可能会遭遇困惑，可能会在忙碌的工作中感到疲惫，也可能会在学业与职责的双重压力下挣扎。然而，正是在这些挑战中，他们学会了坚持、负责与协作，锻炼了工作能力。

当然，学生干部的成长过程并不是一帆风顺的。他们也会遇到很多困难和挫折，也会有很多迷茫和困惑。但正是在这些挑战中，他们不断地学习、进步、成长。

面对挫折时，坚持下去，得以成长；放弃和服输，等同于失败。

在人生旅途中，每个人都会面临各种各样的挑战和困难。这些挑战可能来自学业、工作、人际关系或其他生活领域。面对这些挑战时的态度和选择将在很大程度上影响一个人能否成功并实现个人成长。

坚持有助于个人成长。每一次的挑战和困难都是一次学习和成长的机会。通过面对问题和解决问题，我们可以学习新的技能和知识，提高自己的能力。这种成长不仅限于专业技能的提升，还包括人格的塑造和心灵的成熟。因此，即使在困难面前感到疲惫和想要放弃，也应该提醒自己坚持下去，因为这是通往成长和成功的必经之路。

然而，如果选择放弃或认输，就意味着失去了成长的机会。这样的逃避并不能解决问题，反而可能导致问题的积累和恶化。长期来看，放弃可能会导致自我价值的降低和自信心的丧失，从而影响到个人的发展和幸福。

因此，本章将重点叙述我的学生们如何在大学中与各色人物共事，如何应对各种挫折，成长为优秀的学生干部。这些故事不仅是他们个人成长的见证，也是他们工作能力和责任心提升的具体体现。正如那句古话所说："玉不琢不成器"，只有经过磨砺才能更加坚强、更加成熟。

潮平岸阔催人进。在未来的日子里，我相信这些学生干部会继续努力、不断进步。他们会把在大学四年里学到的知识和经验运用到工作和生活中，成为对社会有贡献的人。

笔墨有限，不尽欲言。愿以此章献给所有在成长道路上不断前行的学生干部们，也期望大家在未来的日子里，继续努力，成为终身学习、不断进步的奉献者。

第一节
化万千挑战为机遇，以踔厉之资奔赴理想

刘同学，男，获优秀学生干部、十佳大学生等荣誉称号。他是性格沉稳且谦逊的学生，有着东北白山黑水中养育出的开朗真诚，有着北大仓人的淳朴和热情。他有很多优点，参加学科竞赛屡次斩获国家奖项。

在学习上，他认真，有规划，非常自律，会严格按照计划执行。无论是日常的课程学习，还是课外的拓展阅读，他都能做到有条不紊，循序渐进。这种良好的学习习惯使他在各科学习中都能取得优异的成绩，并获得每学期的奖学金。他善于思考，敢于挑战，总能在各种竞赛中脱颖而出，为班级和学校争光。此外，他乐于分享自己的学习方法和经验，经常与同学们一起讨论问题，共同进步。在他的带动下，班级的学习氛围日益浓厚，同学们的学习成绩也得到了显著的提高。他的努力和成就不仅为自己赢得了荣誉，也为班级和学校树立了榜样。

在工作上，他认真负责，拥有极高的责任感和较强的组织能力。作为学生干部，他深知自己的职责所在。他有着出色的组织协调能力，能够高效地协调各个部门和团队的活动和工作，确保各项任务能够顺利进行。无论是策划大型活动，还是协助老师审核奖学金，他都能够做到有条不紊，使工作得以高效推进。同时，他还具备良好的沟通能力和表达能力。他能够与学校管理层、老师、同学以及其他学生组织进行有效的沟通和交流，了解他们的需求和意见，并及时反馈相关信息，这也使他在学生会中能够更好地发挥桥梁和纽带的作用，促进各方的合作与沟通。他的付出和努力得到了全校上下师生的一致好评。

在思想上，他作为入党积极分子，积极参加各项活动，认真学习党的基本理论知识，切实提高了理论修养，坚定拥护党的路线方针政策。他平时会认真学习党的新知识、新理论，思想作风良好，认真遵守学校的校纪校规。

刘同学对辅导员董老师的初印象来自学姐。学姐说："董老师是一位对同学照顾有加，认真且负责的人。"后来，董老师教授他们班的军事理论课，在课上，总以风趣幽默的话语，让同学们熟记每个知识点。有一次临近下课，一位同学因低血糖晕倒了，辅导员迅速地稳定住局面，安排好后续课程计划，急忙背起该同学前往医务室。

刘同学进入校学生会后，董老师又是部门工作的指导老师。学校每一个人的德育、全校的奖学金、学生证等工作在董老师的安排下，总能有条不紊地进行。有时工作上出现了一些小毛病，董老师总能迅速地检查出来并纠正。有一次临近截止时间，董老师发现上交的文件当中有一个班级的工作没有检查。他没有批评同学，而是在繁忙的

工作之余，挤出空余时间帮他们核对。刘同学有时会佩服辅导员能同时记得这么多事。有时候，刘同学在与各院对接工作的时候，受了委屈。辅导员总会及时地与他谈心，给予刘同学鼓励并告诉其解决办法。工作之余，辅导员总会像朋友一样与刘同学相处。

第二个故事发生在刘同学和他的专业老师邹老师之间。邹老师是一位资深的环境设计教授。她对专业课程严谨认真，对学生严厉又负责。第一次见到邹老师或者没上过她课的人会认为她是严肃、刻板的，但实际上她的课堂总是充满创意与活力。

第一次上邹老师的课，刘同学就被课堂内容和形式深深吸引，进而产生了对环境设计专业的热爱。但刘同学和邹老师真正的交集开始于一次课程比赛项目。那时，刘同学遇到了难题，对于工程设计的思路遇到了瓶颈，他不知道要如何设计才能使他的设计从众多设计中脱颖而出。但他没有选择逃避，而是主动找到了邹老师。邹老师耐心地倾听了他对于专业设计的困惑，在为他解答所遇到问题的同时给予了他充分的信任和尊重。邹老师在讲解解答思路的过程中，提及她曾经带过的一个团队，他们也是因为没有不同于他人的独特灵感而陷入瓶颈。邹老师给他讲述了如何进行思路开拓，如何从一个普通的设计跳到另一个特别的设计上，最终让他成功地打开了新思路。邹老师没有直接给刘同学一个她认为标准的答案，而是引导他从不同的角度去思考问题，鼓励他相信自己的直觉和创造力，还教他遇到问题要学会换位思考，从别人想不到的层面去寻找设计的灵感。在邹老师的鼓励和指引下，刘同学重新审视了自己的设计，逐渐找到了不同于以往的新的灵感，在这整个过程中，邹老师始终给予刘同学支持和肯定，并告诉他大胆地去实践自己心中的设计。随着时间的推移，刘同学的设计作品越来越好，他深知这离不开邹老师的指导和信任。在一次设计比赛中，刘同学凭借自己的作品在老师的指导下获得了优异的成绩，在得知获奖的第一时间，他便向邹老师分享了这个好消息。邹老师很为刘同学高兴，鼓励刘同学下次比赛继续加油，取得更好的成绩。

"邹老师和董老师虽然性格迥异，但他们有一个共同点，那就是对学生有无私的爱和关怀。在她们的影响下，我不仅学会了如何学习、如何做事，更学会了如何做人。她们用自己的言行诠释了'教师'这个职业的神圣和崇高。"刘同学说。

刘同学说，在未来的日子里，他会继续努力学习和工作，不辜负两位老师的期望和嘱托。同时，他也希望能够将她们的精神传承下去，用自己的行动去影响和帮助更多的人。他也相信，在两位老师的关爱和帮助下，他一定能够走得更远、飞得更高。

这就是刘同学的大学生活，一个充满挑战和机遇的阶段。在这里，刘同学不仅收获了知识和技能，更收获了成长和感悟。他很感谢邹老师和董老师给予他的帮助和指导，也感谢大学这段美好的时光让自己更加成熟和自信。在未来的日子里，他会继续努力学习和工作，不断提升自己，为实现自己的梦想而努力奋斗。

第二节

师友之情契若金，含章之材晔若曦

孙同学，女。她是一个活泼开朗的人，脸上总是挂着笑容。刚步入大学时，她的表现并没有很出众，但在不断的成长中变得越来越优秀。在学习上，她勤奋好学，得到过国家励志奖学金、省政府奖学金，并且每学期获得校级奖学金，成绩名列前茅。在工作上，她是组织部部长，协助分团委的各位老师完成院系组织发展党员的工作。她总是认真地对待每一份表格，保质保量地完成老师交代的每一项任务。此外，她又是班级的学习委员，自己成绩优异的同时还经常在学习方面帮助其他同学，起到带头作用。她也会帮助各科任课老师收发作业，督促同学们学习，是老师们的好帮手、同学们的好榜样。在思想上，她积极向党组织靠拢，认真学习党的理论知识，并会结合实际。她还关心国家大事，对自己要求严格。在生活中，她时刻保持向上的心态，乐于助人，团结同学，积极参加院系组织的各项活动，并获得了诸多奖项及先进称号。她和同学相处融洽，群众基础良好。她也会在假期和课余时间，做一些兼职工作，减轻父母的负担。

大学第一次上专业课——字体设计，授课老师是战老师。上课铃声刚一响起，同学们就都在自己的座位上坐好了。对于即将认识的第一位专业课老师，大家都很期待。字体设计第一节课的内容是给石头的"石"进行变形，可以根据字本身的含义进行变化，在保留字体可阅读性的前提下，让字体有自己的特点。刚开始大家都很蒙，迟迟不敢动笔。战老师可能看出来大家的犹豫，于是给了大家很多建议，比如把字的角变成直角、弯角，用图形替代字的某一部分，把字裁剪掉一部分等，并在黑板上为大家做了示范。在明白了方法之后，大家都行动起来。临近下课，战老师让每一位同学都展示一下自己的设计，并讲解一下设计灵感。轮到孙同学时，她非常紧张，支支吾吾地讲完了，等待战老师的评语。出乎她的意料，战老师对她的设计给予了肯定，夸她很有想法。孙同学说战老师的肯定对她有很大的鼓励作用，树立了她在设计方面的自信心。那节课后，大家都被这位和蔼可亲的老师圈了粉。

刚进入大学的孙同学懵懂但充满热情，对一切都是那么好奇。高中时她的班主任老师就经常告诉她，一定不要虚度大学光阴，要多参加活动、比赛，参加学生会，尽可能多的让自己得到锻炼。因此，加入学生会成了她步入大学后的第一个目标。但是学生会部门很多，对于各个部门的实质性工作她不是很了解，一时间她不知道该如何选择。一天晚自习，辅导员董老师在班级里公布了学生会纳新的消息，让有意愿加入学生会的同学做好准备，之后还讲了很多关于学生会各个部门的职能及构成。孙同学说这对她有很大的帮助，特别是在选择加入的学生会部门时。董老师还根据孙同学的自身情况给了她很多建议，帮她修改演讲稿。到了纳新的那天，孙同学很紧张，但付出终有回报，不枉费日夜的练习，最终孙同学如愿加入了组织部。

一次省政府奖学金的评比，孙同学一直犹豫要不要报名参加评选，她害怕自己选不上，所以一直纠结。辅导员得知情况后把她叫到办公室，告诉她要学会把握机会，努力争取自己想要的，结果并不重要，重要的是拼搏的过程，不给自己留下遗憾。她听了辅导员的话后豁然开朗，回去后做了充分的准备，在评选时表现良好，各位老师都给予了她很高的评价。结束后，她来找辅导员说："如果没有您的一番话，我可能就会放弃这次机会了。不管结果如何，在准备的过程中我学到了很多。谢谢您，老师！"现在的孙同学已经毕业，步入了社会。一次聊天时，孙同学说自己非常怀念大学时光。她对辅导员说："上学时，别的年级都羡慕我们有一位善解人意的辅导员。您见证了我四年间的成长，从懵懂无知到遇事沉着，从没有主见到敢于提出自己的想法。我也见证了您从稚嫩蜕变成如今的成熟稳重。我们是您带的第一届学生，犯过错，给您惹过麻烦，您虽然嘴上说着让我们自己解决，但每一次都为了我们的问题忙前忙后。做您的学生我很荣幸。您亦师亦友，给予了我无限的帮助和关怀。大学因为有您更加精彩，因为有您更加温暖。您辛苦了，董老师。"

第三节

茫茫思绪化理想之芽，往日之事成干涸之泉

谷同学，担任班级学习委员和学生会学习部部长，做事沉稳可靠，不推脱，有担当，积极投身到学生工作中；严格要求自己，成绩保持在班级第一和年级前十；积极参加党组织的活动，一直把入党当作自己的目标，不骄不躁。

刚入校时，和大多数学生一样，她感到毫无头绪，不知道自己的目标，哪怕是参加院系学生会的面试也是随大流，跟着舍友一块去的。幸运的是，学习部部长看到了她的闪光点，使她成为学习部的一员。因为是学生干部，所以她跟辅导员接触得很多。接触的时间越长越能看到一个人的闪光点——她常常感叹一个人坚持做一件事竟能做到这样不厌其烦的程度，无论这件事是多么烦琐，如在群里的每日一语，从前年便开始的剧本编写，每学期的开学会议，学期末的总结会议等。这种坚持不懈的闪光点感染到了她，让她一直在学生会学习部的忙碌中坚持着走上了部长的位置。站得越高，看得越远，学到的也越多。

她逐渐改掉了拖延的毛病，不会再将事情拖到最后去做。她学会了怎么管理一个部门，怎么跟部员相处，怎么分配任务，最重要的是学会了坚持。

谷同学从小便想当一名老师，到了大学，愿望从萌芽长成了参天大树，虽茂盛却一直无法开花结果，直至遇到了辅导员。他们是新疆免费师范生班，都是签了合同的，必须拿到学位证和毕业证，否则就是违约，后果很严重。但是班中总有几个同学对学习不上心，挂科程度严重，辅导员对此事也是头疼不已。有一次，辅导员问她知不知道一个代课老师的电话，无意中她听到了辅导员在跟代课老师耐心地沟通他们的学习问题，这件事让她的心里翻起了惊涛骇浪，为大树补充了最后一缕阳光和最后一滴水。这让她决心以后不但要当一名老师，还要当班主任乃至辅导员。

在大学，谷同学遇到了一个特别的有缘人。之所以说有缘，是因为她们都来自新疆的南疆，而且她们的家乡都在河南，还分配到了一个寝室。在异乡上学，谷同学对这个有缘人产生了依赖感，想时时刻刻与这位同学在一起。但是她的这个朋友显然跟谷同学的想法不同。她的朋友在这个学校有一个很要好的高中同学，他们经常一块出去玩不告诉她，这让谷同学对她的朋友感到很生气。于是她跟她的朋友开始闹别扭，闹矛盾。就这样，她们和好吵架，吵架和好。后来，谷同学认识了更多的朋友。慢慢地，她成长了很多，懂得了君子之交淡如水，无论多么亲密的朋友都应该保持一定的距离，这个距离就是各自的生活圈子。朋友之间，情感上可以慰藉但不能依赖，只需在各自遇到雨时撑开一把伞，只需在寒冷的冬天添上一把柴。

她的缺点是性格犹豫，不果断。在过去的两年时间里，她担任了学习委员和学习部部长，经历了各种各样的事。学习部一直管理奖学金和各种学工部下发的任务。后来部门整改，助学金的管理工作也被分到学习部。当时谷同学是部里唯一的大二学生，大三部长因为要考研、考四级已经不管学习部的工作了，所有的重担都压在她一个人的身上。第一次接触助学金管理工作，她感到陌生和抵触，却也必须接受，一遍遍地整理贫困单子，一遍遍地跑大院助学部，一遍遍地被助学部老师质疑。部员一遍遍地问她这位学姐，"这个怎么办""那个怎么办"，她被"逼迫"着变得果决。她慢慢开始明白，一个人经历得越多才会被锻炼得越完美，"宝剑锋从磨砺出，梅花香自苦寒来"。她现在学会了，无论遇到什么事，坚持和果断永远不会辜负你，阳光总在风雨后。

两年的大学生活是谷同学人生路上的一小段，是璀璨发光的一段路，它包含着汗水和收获，对她的人生规划起着至关重要的作用。一步步走来，有时她感觉很忙、很累，但她相信付出与回报是成正比的。这两年的时间，她提高了自学能力和对新事物的接受能力，对集体和团队有了更深层次的理解。现在的她有了自己的目标和规划，会带着满腔的热血和自信去拼搏。"乘风破浪会有时，直挂云帆济沧海。""天生我材必有用，千金散尽还复来。"她会以自信无畏的精神和勇气，迎接未来的每一次挑战。

第四节
纵生如逆旅，亦破茧成蝶

艾同学，1994 年出生，是服装工程学院的一名应届毕业生。

"工欲善其事，必先利其器。"本科四年，思考、书籍和社会实践使他不断走向成熟，对知识的渴望、对理想的追求、人际关系的扩展、思维方式的变更，造就了其不断完善的专业技能和日趋成熟的思想，培养了其务实进取、认真负责的工作作风和良好的团队精神。

在专业学习领域，他积极投身于多个兴趣小组，并通过不懈努力，成功掌握了 CAD 制图技能，获得了二级计算机证书，同时还具备了流利的普通话表达能力。此外，他还通过专业培训，获得了陈列师和教师资格证书，这些证书不仅彰显了他的专业素养，也为他未来的职业发展奠定了坚实的基础。

在思想层面，他始终秉持着积极上进的态度，坚守诚、信、礼、智的原则，不断追求思想进步。他深知这些品质对于一个人的成长和成功至关重要，因此他始终努力将它们融入他的日常生活中。

在社会工作方面，他曾担任学生会体育部部长一职，期间他始终以服务同学为宗旨，积极组织各类活动。通过这个过程，他不仅锻炼了自己的策划、组织、协调和管理能力，还培养了吃苦耐劳的精神，这些宝贵的经验使他更加自信地面对未来的挑战。

在荣誉方面，他取得了多项荣誉称号。在 2014—2015 年度，他荣获"体育标兵"称号；在 2016—2017 年度，他被评为"优秀学生会成员"和"优秀干部"，并获得了"培训学院"的认可；在 2017—2018 年度，他荣获了"三等奖学金"。这些荣誉不仅是对他过去努力的肯定，也是对他未来继续努力的鞭策。

在实践方面，他拥有丰富的经验。在实习期间，他深入了解了服装设计教学的特点和要求，并形成了自己独到的见解。他追求创新开拓的教学方法，努力激发学生的学习兴趣和创造力。他相信这些经验将为他未来的教育事业奠定坚实的基础。

大学培养的是一种思维方式和学习方法，"纸上得来终觉浅，绝知此事要躬行"，因此他也在今后的工作中虚心学习，不断钻研，积累工作经验，提高自己的工作能力。

离开校园以后，艾同学回想起这四年的大学经历，有欢乐，也有遗憾。他相信每个人都希望有再来一次的机会，他觉得自己也是如此，如果再来一次可能会很完美。但是人生不就是因为不完美所以才精彩吗？因为不完美，所以才会成长。艾同学记得刚来到学校的自己是迷茫的，因为他从祖国的最西边来到祖国的最东边，行程 4200 多公里，坐火车需要 3 天，就连飞机都需要 5 小时。但他对学校的第一印象就是亲切。

因为他始终记得，当他刚刚踏进校园时，就有十几个同学闻讯来接他，热情地带他参观学校。

后来艾同学在学长的带领下加入了学生会体育部。他在学生会体育部得到了很多锻炼，也经历了许多做人方面、做事方面的事情。他记得他刚进体育部的时候，部门要组织每天的早操，他每天要 5 点起床。由于长春和新疆有 2 小时的时差，这么早起床对艾同学来说更加困难。在一次迟到后，学长当着所有人的面批评了艾同学。当时的他很痛苦，几乎无法坚持下去，学姐安慰他，如果很累的话，可以休息几天。艾同学听了她的话，调整了心态。他觉得自己不能轻言放弃。从那时候开始，只要体育部有活动，他都不会迟到。面对繁重的部门工作，很多人没能坚持下来，但他坚持下来了，于是大二时他当上了体育部部长。

大学生活是多姿多彩的，但也需要我们去把握和体会。有人说："平凡的大学生有着相同的平凡，而不平凡的大学却有着各自的辉煌。"但你能够选择平凡，却不能够选择平庸。可以的话，相信谁都想不平庸。那么，怎样才能使自我的大学生活充实，有好处，怎样做大学生活的主人呢？艾克同学在这里分享了他的几个观点。

第一，要确立目标和计划，放远目光。古人云："志当存高远。"没有目标便没有前进的努力方向，也毫无动力可言。计划目标，又可分为近期和远期。近期目标，如我要看完多少本书，这一个月我要学懂什么知识，假期有什么实践打算，等等。远期目标，如争取毕业前拿到自考文凭，人际关系网应该多大，实践潜力应到达怎样的程度，等等。同时，目标的实现又是一个个小目标实现的连贯过程，如一天记 5 个单词，到考前便可记住很多。

第二，要放远眼光，不被暂时的情绪所拖垮。要成就大事业，就务必大事抓紧，小事放松，不要被上网玩游戏等低级享乐带来的满足感所俘虏。殊不知，暂时满足的背后，是更大的空虚，相信大家都有这种体会。

第三，要树立就业危机感。大家总是在怪自控力不强，没有上进的动力。殊不知是自我意识上没有清醒。有人会说："感情是学习的动力。"其实，从直接好处上来说，就业危机感才是大家上进的动力。毕业以后总想着究竟能干什么，又总从报纸杂志上看到目前就业形势的异常严峻，所以心里很是害怕。有人说目前找工作，要么有文凭，要么有才能（技能）。而我们呢，唯一的出路便是要有才能。而这，就要问问自己学到了什么，掌握了什么。此刻的问题不是我们不明白学什么，而是我们不想学。

第四，要学知识与发展潜力并行。以前是重知识而轻潜力，但现在不一样了，由于社会的影响，文凭要求的适当下降，所以很多大学生纷纷跑到外面找兼职。如果他们是在不影响学习的前提下去做的，的确应该提倡。但有些人不是，只是做了一份端菜的服务生工作，不惜请假旷课，晚自习也不上，我身边就有这样的现象。现在就是出现了这样一种错位思潮——在职的机关企业工作人员，纷纷利用业余时间"充电"，而在校的大学生们却纷纷跑到社会去做兼职。我觉得应纠正这种思潮。

此外，要多看看书和报纸杂志，多了解国内外服装潮流。了解最新社会动态，知晓国家大事，掌握第一手的时政经济新闻……这不仅对我们以后找工作有更多的帮忙，而且对我们本身的工作也有帮忙。服装需要创新思维的设计，需要理论与实践相结合，希望我们都能够做得更好。

"路漫漫其修远兮，吾将上下而求索"，这是艾同学的座右铭，在此与大家共勉！

第五节
炽心矢志，砺责成仁

　　昌同学，这是一位普通却又独特的女孩，她曾经迷茫、孤独、落寞，但她始终保持着对生活的热爱和期待。她没有过人的智商，也没有处变不惊的情商，但她在自己的世界中自得其乐。她曾经对自己的未来感到困惑，但她选择了相信自己，勇敢地迈出了第一步。她在学生会的工作中经历了种种困难和挑战，但她始终保持着对工作的热爱和责任感。

　　因为迷茫而混沌，因为混沌而徘徊，于是我们沉默，我们孤独，我们落寞。青春的散文诗，大多如此，寂静孤独却又喧嚣灿烂。终于逃离了高三浴血奋战的日子，我们庆幸，终于可以一个人自由自在到天亮，或许还没意识到有些东西已悄然溜走，但时间总是快得来不及回想与感叹，便来到了大学的生活，满怀期待却又惧怕孤独。

　　她与大多数人一样，没有过人的智商，甚至反应有些迟钝。她也没有处变不惊的情商，永远在陌生的人群中沉默寡言，却在自己的世界里自得其乐。在进校门后，她匆匆环顾了一下自己花了十二年时间在书本里摸爬滚打考出来的大学，没有想象中的惊喜，也没有失落，一切都是随遇而安——她的大学生活就这样开始了，没有波澜，一丝都没有。

　　枯燥无味的军训、永远开不完的会和永远回不完的收到，她每天好像都忙得不可开交，却又总不知道在忙些什么。终于，班级里发下院里学生会招新的简介，她匆匆看了看，大致浏览了一遍，没有选择她喜欢的文艺部。天生的自卑总是在无形中缠绕着她，毕竟她不算是好看的女生。"算了算了。"她想，她还是不幸运。

　　她总是不想费力，没有追求也并不想拼搏。就是这样，职能最少的编辑部深深吸引了她的注意力，"好像这个最轻松一点吧，编辑应该跟文字有关吧，只要坐着就能工作吧，真好！"她是这么想的。

　　她从小就对文字很热爱，那些文艺的字眼总能吸引她的眼球。上高中时文理分班，她对着文科使了很大的劲，却又因为不好的学习成绩和选择出路少的文科现状而妥协。报考的时候，她对着文学专业使了很大的劲，可对着手里那点可怜的分数，她笑了笑，又妥协了。编辑部似乎又能捡起她破碎过一次又一次的念想，她总相信遇见的都是最好的安排。

　　面试比她想象的要严肃得多，一整个教室，底下密密麻麻的人让她望而却步，前三四排坐满了学长学姐，讲台上的麦克风时不时发出呜呜的声音，一个又一个自信的面孔，都从容地回答着学长学姐提出的看似刁钻又极具逻辑的问题。

"怎么办？"她脑子一片空白，捏着从百度搜来的学生会面试演讲稿，看了一遍又一遍，却一个字也记不住。活着的 18 年里，她也就 6 岁的时候参加二姨的婚礼在这么多人面前演讲过。很快，在她还没想完的时候就轮到她来面试。她也不知道自己都说了些什么，只一心想着要赶紧下去，不知道该把眼睛放在哪里，两只手也无处安放。"谢谢大家。"她刚要准备逃离。

　　"如果有一份很着急的稿件，而你别的事情也很多，比如在上课，你会怎么做？"台下一个温和的男声响起。

　　她拿起麦克风，尝试从因紧张而麻木的脑中拼凑出词句："要是这个稿件很着急很着急的话，我会先选择稿件。"说完她便匆匆下台。"这都是在说些什么？"她也不知道。

　　意料之外地，她收到了初试成功的短信，她暗自窃喜，比自己想象中做得好。她总是还没出结果就想着失败，总是还没尝试就想着一定又是白费力气。工作总结、会议记录、刚收上来的新生档案以及未整理的登记表……刚入学生会，工作远比她想象的要忙碌得多。每天晚上熄灯后，她还要坐在电脑前，反复修改总结里的语句。从没接触过的官方用语让她头大了整整一圈，听着室友一个个进入了梦乡的呼吸声，她放轻了敲击键盘的动作。总算是照着发来的模板写完了，给学长发过去。"辛苦了，挺好的，早点休息吧。"学长的回复让她有了些许得意，她终于可以休息了。

　　某个周三下午，没有课程内容的她又被叫去整理登记表。从正午坐到天黑，不容许出现一点错误，写错了字就要拿小刀一点点划掉。手里握着每一个大一新生的登记表，这是要放到各自的档案中的，关乎每一个学生的未来，以前毛毛躁躁的她，现在不得不静下心来，一笔一画，反复确认。与部员们一起，分工合作，这也让她焦躁不安的心也慢慢地平静下来。

　　大一上学期的生活不快也不慢，生活总是有条不紊地进行着。篮球赛、红旗接力赛、太极拳比赛、校里评估，院里大大小小的活动她都是其中的一员。或许只是在操场周围呐喊加油，或许只是在比赛后的电脑前一个字一个字地敲击键盘，但她并不觉得失落。渐渐地，她发现自己已经没有了刚入学生会想要省力的想法，充实的生活好像是她更想要的。

　　由最初的懵懂到现在的游刃有余，她不是没有遇到过绊脚石，但她会一遍一遍地修改，一个字一个字地看，甚至每一个标点符号都用心去琢磨。一篇活动稿件，她改了整整六次，直到最后能合乎老师的要求。用几百字突出所有重点内容，说来容易，却少不了一次又一次地付出全力。每次收到老师的肯定与认同，她的心里总是有股微微暖流。她没有察觉，最开始的不自信与消沉已经在她的潜意识里渐渐蒸发。

　　时间总是让人猝不及防，忙忙碌碌中也就这样过去了，她刚想感叹，却发觉自己已经踏上了大二的旅程。还没安稳几天，迎新活动便如期而来。凌晨三点起床，与学生会所有成员一起迎接新生的到来。收取档案的工作并不难，拿着名单一遍遍重复一样的动作，但是后续的整理工作让她犯了愁。当老师问到她去年整理工作的具体事项，她发现自己已经不太记得了。是没上心吗？也不是，她知道还是自己不够仔细，不够认真。"一共就这几项职能内容，自己干的事为什么没有数？"当老师责问她时，她一言不发。是啊，自己没有做好，还有什么可说的呢？于是她暗暗下定决心，要让类似的情况不再发生。

整理工作还没到一半时，学生会就迎来了选举换届。按照她以前的思想，她还是不相信自己，不会去尝试，而这次，她选择了相信自己。

又一次站在众目之下，这次的她没有第一次面试时那样的不知所措，五分钟脱稿演讲，聚光灯打在她身上的时候，她发现原来自己也可以站在人群的最中央。不管结果如何，她都是满足而幸运的。在学生会的整整一年，她从那个不自信的永远站在最角落的小女生变成了现在的阳光自信又不服输的女汉子。

很快结果就出来了，她入选了。她没有想象中的那么开心，而是一心想把手里的事情处理好。她没有发觉，在时间的缓慢流逝中自己已经慢慢磨平了以前的所有烦躁不安，以及所有的毛毛躁躁。

一生的道路很长很长，谁也不知道前方会有怎样的风景在等着你。在奔向未来的日子里，老师说的话依旧围绕在她的耳边，挥之不去。成长才是最重要的事。每一个遇见的人都是一生中应该遇见的人，他们的到来都会教你一些什么。愿她保持一颗真诚又炽热的心，因为奔向未来的日子是没有尽头的。要不回头地逆风飞翔，不管心头有雨，还是眼底有霜，做一个平凡而又伟大的人，只要是自己想要的，无悔就好。

第六节
春风依旧，著意隋堤柳

　　缪同学，女。四季轮转，春风依旧，这个可爱的女孩子在由青涩走向成熟的旅途中，努力学习如何去平衡学习与工作……和煦的春风，依旧像往年多情地吹拂着隋堤的杨柳。搓揉得柳条儿长出鹅黄的嫩叶，在清和明丽的天气里勾缠撕扭。

　　微风缓缓带走一室的清香，在花儿般的季节中，每个女孩儿都有着属于自己的小秘密。或许有那么一天，她会很乐意和大家一起分享，可到那个时候，女孩儿已经长大。

　　在春一般盎然的季节里，透过微风，穿过绿意，女孩儿在感慨着生命的趣味。瞧！校园四周开满了海棠花，林子后边的桂花香又悠悠地飘开来，柔顺地滑过女孩儿耳边凌乱的碎发。

　　高中时候的她是骄傲的，也是孤独的。她多么想像他们一样，带给身边的同学、老师和父母快乐。于是，她把这种心愿寄托在手中纤细的笔杆子上，融入自己热爱的舞蹈中，通过歌声传递给每个身边的人。她渴望着有那么一天，会有人欣赏她，读懂她。

　　岁月安好，在她漫长的高中生活中，她一直是所有人眼中的别人家的孩子。她长得漂亮，学习好，人又优秀，在她的身上几乎没有什么缺点。只是，众人觉得她太过安静了，没有了这个年纪大家身上所拥有的叛逆与激情。如果说这个年纪的孩子都是富有朝气的，那么她，习惯伪装自己，习惯把自己封闭在一个狭小的空间里。

　　她也曾有过叛逆。有一天，她突然发现自己所做的一切没有了意义，她想要自暴自弃。在那段昏暗的日子里，她开始在上课时疯狂地写文章，对课堂置之不理，晚上熬夜打游戏，把作业抛之脑后。渐渐地，父母眼中的失望越来越浓重，女孩儿似乎忘记了在那十里飘香的桂花季节，她渴望过什么，心中又寄托了怎样的美好。

　　生活还在继续，转眼间，她步入了大学。生活是美好的，在这里，她经受着军训对自己人格的锤炼，也在刹那间，明白了人生永恒的真谛。

　　金秋黄叶，漫步校园，这是她最喜欢的。在这种环境中，她可以更多地激发自己的创作灵感。她喜欢写作，喜欢沉浸于自己编织的梦境。在这里，她可以找到更多的欢乐，寻找到自己的初衷。

　　军训期间，她加入了学校的社团联合会，因为自己在唱歌、舞蹈方面都比较擅长，她参加了社团里的各种活动。起初，作为新人的她总是蜷缩在最角落，默默地看着其他部员之间的互动与交流，每次与学长学姐汇报工作时总是低着头不敢直视对方。那段时光对于她来说也许是这二十多年来最为糟糕的。

生命中的第一次开花总是在最灿烂的季节。伴随晨起的月牙儿，午上的骄阳，夜晚的星辰……当黑暗完全散去，操场上已有了欢声笑语。很快，她迎来了人生当中第一次登台演出。为了这次会演，她从很早之前就开始准备。从最开始的计划书策写，再到剧情分析、人物角色分配，她充分地发挥了自己的才能。在此后的练习中，她比别人更加的努力。

正所谓，台上一分钟，台下十年功。每当夜深人静的时候，她都会来到学校僻静的一角。舞转回红袖，歌愁敛翠钿，满堂开照耀，分座俨婵娟。她的舞无疑是美的，尤其是在月光下，更是平添了一抹灵动，让人心悸。

体验是一次性的，却也是一辈子的；所谓难忘经验，它真能不灭，且随日月叠加，抹上一层层油彩，因而更显色彩明艳。舞台上的她尽情地舞动着，她把这段时间所有的经历，无论是伤心的、难过的，还是内心的抑郁，或者是欢乐都融入这一曲舞蹈中。她演绎的不仅是一支舞，还是只属于她自己的青春。

此后，她的生活越发忙碌，每天都在舞蹈编排、歌曲准备、文章投稿和学习之间来回奔忙。然而，每个人的精力都是有限的，事情多了，便会有所疏忽。是在什么时候她决定要退出社团联合会呢？期末，当她看到手中的成绩时，泪水模糊了双眼。她在想：自己是不是做错了选择？大二，她决定退会。

"想清楚了吗？"面对辅导员再一次的询问，她的心开始摇摆不定。"遇到一件自己喜欢的事不容易，尤其是这里还给你提供了发展自我的平台。"她到底是迷茫了。

"为什么想要退会呢？"辅导员望着她的眼睛。

"老师，我的学习跟不上。我感觉整个人都是崩溃的，我拼了命地去做好每一件事，结果到头来，我依旧没有什么太大的改变。"

有些时候，我们只是思维卡壳在某个瞬间，又或者所拥有的能力达不到某个标准，但更可怕的是我们有能力，却只是在逃避，为我们的过失在寻找借口。"为什么会这样，有想过吗？你到底是真的没有时间，还是不会合理安排时间呢？孩子，你已经是个大学生了，学会如何合理安排支配自己的时间是一件很重要的事。老师不希望因为这个事既耽误了你的学习，又辜负了你自己的才华。"

又是一季海棠花开，过去的美丽隔着时间的薄纱撩人思索，静静地，像是在等一朵花开，记忆中没有凋零时的颓败，只有盛开时的璀璨。冬去春来，像是隔了一个世纪的满园，再次回忆、思索、缅怀曾经的华丽四射带来的光芒，追忆曾经的善举得到的认可和赞扬，回首曾经的风流潇洒、娴静柔美，逐渐发现：心若安好，便是晴天。

世界很大，我们经常跋山涉水却总没有尽头；世界很小，仅一眼我们却相知相恋，站在熟悉的舞台翩然起舞。后来的后来，她懂得了什么是迎难而上，什么是笑看人生。在很长的一段日子里，她都会默默品味老师告诫她的那一番话："你的潜力很大，对于你来说，只要好好挖掘，合理安排好自己的时间，没有什么是不可能的。"

就这样，再一次，选择责任和担当；再一次，为成长积蓄力量；再一次，只为追逐梦想更近些；再一次，为了人更多的人能分享阳光；再一次，相爱在通往年轻的路上；再一次，坚守心中的完美。

这一刻，成功与否并不重要，因为这不仅是为了她自己，更是因为她想把欢乐带给身边的每一个人。春风依旧，著意隋堤柳。站在舞台上，她变得更加的耀眼，当霓虹灯光紧紧追随她的步伐，谁的嘴边又不是噙着一抹自信的微笑？当年的那个女孩儿正在用她人生的经历分享着自己的心事，把欢乐带给自己身边的人。

又一年春风徐来："老师，我想退会。""孩子，想清楚了吗？继续走下去，也许这里会让你感受到什么是梦想的延续。老师呢，告诉你一件事。有一年啊，你的一个学姐同你一样觉得学习时间和这儿的很多事冲突了，她想退会。然而，她最终选择留下来，故事的结果，她收获了成功，还有……"

生活还在继续，命运的齿轮依旧在运行，只是我们每个人的足迹都在悄然发生着变化。

第七节
携爱恨之斧钺，开征途之顽石

车同学，女，三年的大学时光，让这个带着对记者团工作的热爱而又胆怯的小女孩，蜕变为一个体验过许多人生的"第一次"后，对自己的曾经感到遗憾，并为之继续努力奋斗的追梦人。

"许多年前，你有一双清澈的双眼，奔跑起来，像是一道春天的闪电，想看遍这世界，去最遥远的地方，感觉有双翅膀，能飞越高山和海洋。"

三年前的那个夏天，那个天真烂漫、想抓住飘散的云又想留住深刻的梦的小女孩，一定没有想到，在今后几年的大学生活里，自己会与记者团紧密相连、密不可分。当她带着懵懂与好奇步入大学，当她怀着无比憧憬的心情在记者团报名表上写下自己的姓名，她与记者团的故事就开始了。

2016年的开学季，记者团纳新是在大一新生军训期间。操场上设立着报名处，一侧是健谈的学长学姐在宣传，另一侧是同她一样穿着迷彩服的大一新生争先恐后地填写报名表。她蹲在角落里，将报名表平放在学姐给她提供的凳子上，一笔一画地写下自己的信息。尽管她是个理科生，但是她从小对文字的热爱没有丝毫削减。

报名表交好之后，很快他们就迎来了笔试。似乎每个步入大学校园的人都有着一种想要向前冲的劲头，对所有新鲜事物都有着无比的热情。她也是如此。拿到笔试卷，她认真地思索并写下答案，对于不会的难题也是胆战心惊，但是她想，学长学姐会看出她的真诚。

收到面试通知的时候，她有些喜出望外。军训的午后，室友们都睡着了，只有她拿着为了面试准备的稿背来背去。记事以来的她便容易怯场，这点和大部分人一样。她加入记者团的初衷，是锻炼自己的胆量。毕竟都是大学生了，不能总是一到人前说话就脸红。然而，事实就是她从排队的时候开始，就紧张得不行。轮到她进去面试时，她站在讲台上，看着底下的学长学姐们，就更紧张了。她的大脑一片空白，稿子上的字一个都想不起来。最后，她说不想当将军的士兵不是好士兵。于是台下有学长问她，她是不是想当团长。她蒙了，学长又重复了一遍："你想当团长吗？"她依旧一脸茫然："不想。"那时候应该就是现在所说的"啪啪打脸"吧。

幸好，最终她如愿以偿地加入了记者团这个大家庭，并且热爱、感激这个大家庭，是它让她拥有了最为美好的青春回忆。

刚进入记者团新闻部的时候，她思量着自己的文艺细胞终于有崭露头角的机会，然而事实是记者团高手云集，她的积累跟学长学姐们比起来简直是微不足道。于是，在不断地探索下，她一步一步地改进、积累和学会如何写作，学会发现热点。从了解一份报纸是怎样做出来的，到最后明白了自己作为一名学生记者的意义，她始终坚持，不停下实践的脚步。

一路走来，她深切地感受到了作为一名学生记者的艰辛。无数个夜半时分，她坐在电脑前敲打着文字，忍受着被室友"逐出"的威胁，披星戴月，恨不得把所有所思所感都揉进那一排排整齐的文字里。

她说大学中有太多的人生"第一次"发生在记者团。

第一次发报纸："您好，我是大学生记者团的，给您发咱们学校的报纸。"害羞腼腆的她捧着一摞报纸走遍寝室楼，克服胆怯，战胜自我。

第一次在官微上发表文章：当她看见那一篇文章最后的落款署着自己的名字时候，骄傲、自豪，赶紧把推送转发给妈妈。妈妈乐得在家族群里转来转去，她则暗中偷偷观察，每隔一会儿就要点开推送看看浏览量有没有增加，有没有人留言。那种欢呼雀跃的小心思，她觉得即使过了很多年依然会记忆犹新。

第一次熬夜翻译录音文件：录音里面领导的讲话让她意识到原来人能够在几秒的时间里说出那么多字，听不清楚的地方要来来回回、反反复复地琢磨。部长给她们分配好任务，表示他会做最后的检查与汇总，第二天一早就要把内容交给老师。她翻译着就睡着了，凌晨两点钟猛然惊醒，撑起眼皮继续翻译。四点左右将翻译稿发给学姐的时候，她看到消息第一时间就被接收了，心里顿生敬佩。

第一次随着学姐去采访校级学生干部：看着学姐和被采访的人侃侃而谈，她既羡慕又向往。于是她也试着采访，试着写新闻稿。尽管采访时她的声音不够自信，尽管她问的问题并不专业，尽管她写的人物专访漏洞百出而让学姐忍俊不禁，但她从不气馁，因为她知道她的内心正在改变，梦想的种子在她心中破土而出。

第一次文章在校报上发表，作为一个追梦人的她，那种幸福感催发人的眼泪。

第一次实地调研做微信公众号：2017年6月30日，地铁一号线开通之际，学姐带领她们去实地考察，探索路线，以便分享给同学们。她们共同见证了北国春城一个新的里程碑。

从胆怯地跟在学姐身后采写新闻稿件，到可以自己完成一篇篇微信推文，从新闻部的萌新干事到秘书部部长再到副团长，她也和记者团一样，在历练中收获，在实践中成长。

当然，这三年的时光里，也不乏心酸往事。

因为她并没有只在记者团工作，还和同寝的室友加入了院系的学生会。每天白天上课，没有课的时候去系里值班，晚上在微信公众号上发文章。这还算比较均衡的时候，大多数情况是在学生会开完会，就要往记者团跑。所以很多时候当室友吃喝玩乐时，她可能在往返记者团的路上，或是在发报纸的寝室楼里穿梭，再或者窝在床上为了一篇文章的立意而绞尽脑汁。

不是没想过放弃，给家里打电话，忍不住大哭。但当她成为学生会副主席兼任记者团的副团长时，她明白了一句话："所有你吃过的苦，受过的累，都将成为你平凡人生中的一盏明灯，照亮你前行的路，指引你成为更优秀的人。"

说到这，不得不提另外一个对她影响很深的人，那就是记者团的领军人物张老师。张老师是一个不苟言笑的人，很严肃，但在严肃中又透露着幽默。张老师对她的影响是潜移默化的。想必无论是学生、老师还是社会各界的工作人员，都难逃倾听上级领导讲话的难题。张老师不一样，听完张老师讲话，所有人都会有"听君一席话，胜读十年书"的感悟。张老师从实际出发，剖析原因，举出事例，激发人内心蠢蠢欲动的努力和前进的欲望。每次开完会车同学都觉得自己仿佛被打了鸡血。总之，张老师是让人敬佩的一位老师。车同学永远难忘张老师说过的一句话，那是在学校转折的关键时期，也是记者团运行较为艰难的一段日子。张老师说："跌无可跌，必将反弹。低谷终将过去，等待我们的未来只会更加光明与灿烂。"大三要面临多条道路选择的她不禁有些迷茫，面对未来的抉择，她举棋不定，带着无数个问号敲开了张老师办公室的门。一进门，张老师一如既往的亲切笑容给她定了定神。听了她心里的疑问后，张老师放下手头的工作，告诉她："一定要与周围的人不同，不要被身边大多数人同化，要抓住机会创造无限的可能。你是谁你就会遇到谁。"张老师并没有明确地告诉她未来的道路应该选哪条，具体应该怎么走，但这短短的几句话让她恍然大悟——做自己，不后悔，这就够了。后来，在每一个她觉得难过的日子里，都是张老师的话带她走过黑暗与迷茫，重整旗鼓。

在记者团，她遇到了一群志同道合的朋友，举办读书分享会，策划经验交流会，与校内其他新媒体运营中心交流经验、分享心得；迎接新生，拍宣传片，制作宣传海报……满心欢喜地迎接萌新的到来；一起去净月潭徒步，一起报名长春马拉松，参加长春穿越城市世界巡回赛。她们的身影不只是存在于校园每个需要小记者的角落，也存在于生活中每一个值得见证的瞬间。

她是从什么时候开始觉得自己是一个学生记者的呢？可能是内心骄傲地向被访者展示记者证时；可能是和圈层之外的人共同见证一个个校园现场时；可能是无意中微信保持在线随时待命成为习惯时；可能是无数遍预览和修改微信到失去耐心时，也可能是牺牲假期去努力完成工作时，再或者焦虑着学习的同时还要额外熬夜爆肝时。

提起记者团，她才思如泉涌。"岁月是一场有去无回的旅行，好的坏的都是风景。"记者团充满挑战，充满思想的碰撞，而她也酣畅淋漓地投入其中，乐在其中。

除去热爱，还带着恨吗？恨是因为她心中有没能更好地完成工作的遗憾。2019年，在记者团的最后一个学期，希望她能够更好地配合团长，圆满完成各项工作，成为一个知足、上进、温柔而坚定的人。

第八节
喟叹岁月更迭，方知步履仍艰

杜同学，在校期间曾担任班级副班长，学习委员，服装工程学院分团委副书记，中共党员，多次获得学校奖学金，对待学习认真，在校期间参加各级各类大赛，毕业后被闽南理工学院招聘为专业教师。

每个人的不同生活都可以写成一本书或拍成一部连续剧，而且还是现场直播，遗憾的是大多数的现场直播都是重复且枯燥的。这没关系，关键在于这一件重复的事是否有意义。

2014年6月，杜同学从吉林工程技术师范学院毕业，来到了距离家乡甚远的福建从事教师职业。而这份工作一干就是整整三年。今年7月初，她和辅导员有过一次对话。大家印象中的辅导员有时候还是有些严厉、一丝不苟的样子，通过与辅导员的交谈，她想起自己已经毕业很久了。是啊，她的同学都已成长了，有很多同学已经结婚生子了。她看到辅导员和一众老师们传到朋友圈的小视频，发现报告厅依旧是那个可以举办各类大型活动的报告厅，而视频中的老师们却露出了白发，学弟学妹们也从原来的熟悉变成了陌生。毕业后的三年工作让她成长了很多。

杜同学在吉林工师有做学生干部的经历，觉得自己站在讲台上不会怯场，但真正开始上第一节课时，一个简单的自我介绍她在宿舍里默背了好几遍后，上讲台的时候却还是紧张而不流畅，以至于忘了自己还准备了很多要讲的东西。当时的她面对和自己年龄相差不大的学生，内心还是有点踟蹰的，对于如何处理和学生之间的关系以及突发情况，依然不够成熟。不过她对带的第一届学生的印象是最深刻的，现在仍有一半的学生可以叫出名字并且有联系。她曾经觉得当一名教师容易且轻松，当自己进入这个圈子的时候才发现，她有好多地方不懂，还要学习更多的知识和先进的科技文化，才能上好一节课。和学生的关系处理也是颇有学问的。她还记得当初自己连最简单的教学大纲里面的学时分配都搞不清楚，要准备的教学日历、教案、备课笔记等教学文件也弄得一塌糊涂。赶上期末考试帮忙同事核算分数，那一段时间她常常忙到后半夜，第二天又不得不离开她爱的床去上课。那段时间过得挺悲催的，不过那样的辛苦也算为日后她的工作奠定了一个基础。

读书时期大家都感觉一个学期过得飞快，再一转眼又是一个学期，然后一年就过去了。大家常常感慨一年什么都没做，年龄又多了一岁，工作时她也有同样的感慨。有了第一年工作的经验，摸清楚了俗话说的"套路"，第二年工作就比较好开展了。但总会有一些不按套路出牌的新东西让人摸不着头脑，不断学习仍然是主旋律。这是她的工作、她自己的选择及人生方向，她需要自己把握。

时间就像是一个碾压我们的巨大车轮，我们费尽心思，想往前跑得更快，不被压倒。三年的时间里，她从学生的角色蜕变为老师，再从一名新老师成长为一个有工作经验的教师。这中间有成长，有磨砺，还有坚持。和学生在一起的生活，让她觉得生活如此有意义、有动力。她希望自己可以坚守这份职业，和祖国未来的小花朵、小树苗分享自己学到的知识。

杜同学对自己没有好好利用时间以及没有学到更多的知识技能，把自己大好青春都奉献给了"浪费"而遗憾。希望现在自己的"珍惜"还为时不晚。她也希望工师的学弟学妹们能珍惜时间。她说，学习固然更重要，更为关键的是我们要清楚地知道自己想要的是什么，并能在这个旅途中为自己奉献点什么，然后有一天我们幸福地发现，"喔，原来自己的坚持如此有意义，生活如此美好，自己想要的终究还是追求到了"，这才是对自己的人生负责的体现吧！

吉林工师是她挚爱的母校，现在是新一代的天下，未来是更多工师学子的天下。远在福建的杜同学最后也祝愿工师的所有学子："凡是值得做的事，就值得做好。愿你们在吉林工师的四年是一个有收获的学习生活旅程。祝愿母校日新月异，兴旺发达，桃李芬芳！祝各位老师工作顺利、幸福安康！"

第九节

淘漉往事存谢意，畅饮冽泉思其源

冀同学，女，性格开朗，办事稳重，善于思考，易于接受新事物。在校期间，她认真学习，美术功底扎实，专业知识过硬，各科专业成绩一直名列前茅，多次获得校级奖学金，并且在东北三省举办的服装效果图比赛中斩获一等奖。

在认真完成学业的同时，她还进入院学生会。她工作踏实、稳重，一直是老师的得力助手。她也担任院学生会主席，为同学们服务，参与了各项有益活动，培养了较强的策划、组织、协调、管理和创新能力。

在毕业后，她成为一名中学教师。在大学中的经历使她在工作中游刃有余。她专业知识过硬，与人相处和睦，深受同事和学生的喜爱。

在大学生活期间，就数学生会的生活最多了。一开始她不太想要进入学生会，觉得自己没有这个能力，而且自己也是比较慢熟的一个人，不太喜欢与人交流，后来在学姐学长们的鼓励下她进入了生活部，慢慢开始学着和不同的同学和老师相处，在这个过程中培养自己的各种能力。到大三的时候她成为院学生会主席，开始独当一面。此时她发现三年带给了她很多不一样的东西，她更加自信了。

大学生活已经结束4年多了，冀同学现在回忆起来已经有些模糊。她大学四年接触最多的就是辅导员和王老师了，从两位老师身上获得了很多成长的经验。

她回忆起第一次见到辅导员的时候，那时正值新生入学。她感觉辅导员有些严肃，感到有些害怕。后来进入学生会后，因为冀同学名字和男生的一样，辅导员总让学长找她做一些工作。冀同学记得很清楚的是，当时她在三教三楼画室画画，第一次接到辅导员亲自打的电话，电话里辅导员的声音听得她愣了一下。辅导员问：“你是冀同学吗？不是个男生吗？”这是她第一次直接和辅导员接触。她想就在那个时候，她记住了辅导员吧。后来的四年里冀同学慢慢地发现辅导员其实并没有很严肃，反而很亲切，对他们就像对待朋友一样——一起工作的时候很严肃，工作结束之后便如好友般谈天说地。

冀同学说，辅导员给她印象最深的就是工作态度，这对她毕业后的工作态度影响很大。比如，不打没有准备的仗，什么时候都要做好充分的准备，以一遍遍的复核来确保万事无误；不管是在日常工作，还是在学院的大型活动中，都要做到精益求精；时间观念一定要很精确，做事多方准备；等等。现在的冀同学在工作中也是这样要求自己的，不管在备课上课的时候，还是在日常工作中，冀同学都对自己严格要求。遇事她会想到辅导员在大学时对她的教导，所以她想要成为辅导员那样的教师，受到家长和学生的好评与尊重。

大学让冀同学记忆最深刻的莫过于三年的学生会生涯，她经历了很多，也成长了很多。在工作中，她和辅导员学习一些工作要领和为人处事的方式方法，使自己更加成熟稳重，考虑事情更加周全，大学生活也更加充实。

她很感谢辅导员当年一直默默支持她的工作。为了证明辅导员的选择没有错，冀同学当时很努力地完成各项工作。辅导员的选择没有错，冀同学是值得信赖的人，是为服装工程学院付出努力的人。

冀同学甚至在教育孩子的问题上也受到了辅导员的影响。她会像辅导员一样有耐心，全方位地关心、照顾和教育孩子，在家庭生活中协调家庭成员之间的关系。总之，辅导员对她来说是一位真正意义上的良师益友，值得一生学习和相处。

王老师是冀同学的辅导员，她关心冀同学的生活、学习和健康，让冀同学在远离家的生活中感受到了温暖。在冀同学生病的时候是她带冀同学去医院检查，在冀同学生活中遇到困惑的时候是她帮忙开解，在冀同学喜悦的时候是她来一起分享。她也是冀同学的专业老师，在学习上给了冀同学很多建议和指导，比如怎样更好地设计出自己想要的衣服，用什么面料，哪种制作工艺……在生活中她是冀同学的好朋友，学习上她是冀同学的好老师。冀同学很感谢大学生活有她的陪伴。直到现在，冀同学也经常想念她。

同时冀同学也很感谢以韩院长为领导的各位专业教师对她大学四年的培养，让她成为专业知识扎实、生活经验丰富的一名学生，让其终身受益。

大学生涯是冀同学一生中最重要的时光，它不仅让其自身价值得到提升，而且对其个性以及生活方式都造成了很大的改变。现在的她时时梦回她们的英才210，梦回三教，梦回分团委，梦回那个让她成长的地方。她希望自己有时间还能回到母校，看望各位亲切的老师、朋友。

第十节
凡才不凡志，自逐华章梦

娄同学，多次获得校级奖学金，获得优秀团员、十佳优秀毕业生、吉林省大学生创新创业培训优秀学员等荣誉称号。他给人的第一印象是一个非常腼腆的小男孩，不怎么爱说话，是那种放在人堆里都不会跳出来的人。大学四年，他最大的改变就是，他不再胆怯了，也敢说敢做了。初二以前他一直是个品学兼优的好学生，踏踏实实地学习，没有太多的杂念。最初的一个小改变，大概就是父母出于关心，给了他一部手机，他接触了网络，逐渐沉迷于网络游戏，之后的成绩逐渐下滑，以至于最终没有考上重点高中。一个好学校的差别不仅在于教育资源的出入，更多的是学习氛围，学习环境的差别。好在他还是一个有点想法的孩子，选择艺术，通过这条路去读大学。幸运的是他坚持下来了，与个人同闯独木桥———他成功了，如愿地考上了大学。

大学，每个人心中所想象的是不同的。只有当你慢慢地经历了大学几年的沉积，才会发现大学也许在今后能给你留下的并不是环境如何，而是大学期间那份情谊，那份态度，那点能力。你是否能在多年以后想起，大学留给你的那些宝贵财富！

韩老师是一位非常优秀的一位老师，新颖而有趣的设计课，改变了好多人对于服装设计的看法。当你讨厌一件事的时候，你往往没有一丝动力去做它。他改变的开始，可能就是他从讨厌这个专业，到对其产生了浓浓的兴趣，让他想去学习。但娄同学算是那种"笨鸟先飞"型的，对于专业，他总缺少那么一点点悟性，可他愿意去努力。有时候你做的也许不是同学中最好的，即使别人不认同你，但请你要相信你是最棒的，而在其中也许你会收获更多别的东西。"笨鸟"总会有展翅高飞的那一刻，娄同学经过不断刻苦地学习，最终在毕业前拿到了毕业设计的十佳，这也算是对他这份认真的肯定。

大学这座"象牙塔"也是有棱有角的，一不小心就会撞上，这里很"自由"，很容易迷失方向。自觉是最重要的，没有人会教你每一步怎么做，需要你自己去思考，思考你自己的路，思考你自己的选择。是选择待在宿舍里打游戏、去追剧，还是选择做些有意义的事？大学的这幅画卷是由你自己来绘制的。

什么事情都不是一蹴而就的，能力的锻炼总需要从小事做起。就拿进入学生会的成长经历来说，娄同学认为这是他大学财富里最重要的一笔。在这里，他不仅学到了工作组织能力，而且显著提升了语言表达能力。娄同学是一个不太爱说的人，但他清楚地记得，在学生会面试的时候，他甚至紧张到结巴。

确实，他不是学生会里最优秀的，能力比他优秀的人有很多，不过他们都缺少坚持。娄同学始终坚守自己，默默地做着自己的工作，这大概是他能成长的重要原因之一。一个人如果连最基本的工作都做不好，那以后注定做不了什么大事。做好当下的任何事情，任何小工作，都是一种成长。

他喜欢看书，这确实是值得学习的一点。读书的好处每个人都有每个人的说法，可以作为谈资，可以修身养性，可以足不出户阅遍山川河海，等等。娄同学在老师的支持下，创办了"读书分享空间"，带领一群有兴趣的学弟学妹们去探索书的奥秘。这个小团体即使是现在，也仍在分享着自己与书的故事。大学是读书的黄金时期，这里有一座藏书无数的图书馆，有一个安静的学习氛围，而你有大把的时间，为何不去发现书中世界的奥秘呢？或许他大学里的经历并没有想象中的精彩，不算惊艳，甚至是平凡，但平凡人也能留下点不一样的。从默默无闻到带动集体，带动大家去读书，以及共同学习考研，引领好的风向标，这或许也算是娄同学的独特之处。因为他敢去做、敢尝试。

虽然考研结果"差一步"美满，但请相信这个普通却不甘平凡的小男孩会做到他想要的。请坚守初心，每个人都会遇到失败与挫折，放弃便等同于失败。要对自己负责，坚持下去，也许会收获不一样的明天。空谈毫无意义，行动是最好的证明。尽量去成为"人"，而不是盲从的机器，去遵循自我，做自己想做的，在认可的事情上把自我的光彩展现得淋漓尽致。相信娄同学会在未来的日子里闯出一片属于自己的天地。

第十一节
孜孜不怠，勤励图进

虞同学，男，是一个成熟稳重、性格开朗、乐观向上的人。步入大学之后，他不断地接受知识，不断地历练，让自己更加出众和优秀。

在大学期间，他不断学习、不断上进、吃苦耐劳、刻苦发展。在丰富多彩的大学生活中，他扩大自己的知识面，努力接受和学习更多的事物，努力培养自己的兴趣爱好，积极地参加学校内外的实践活动，有着很强的拼搏精神和责任心，并有着非常好的人际关系。

在就读大学期间，他获得过一次三等奖学金；参加大学生创业就业培训并顺利毕业；在学校"创先争优"活动中表现突出；被评为优秀学生干部；在系学生会担任学生会副主席兼体育部部长一职，于 2018 年 4 月通过了普通话考试。

在大学里，他不光认真努力学习，还担任班级班长职务，努力配合老师交代的任务，一直力求完美，尽职尽责。

如今大学已经第三年，他在知识能力和处事能力方面都成长了很多，他学会了如何去学习，也学会了事前事后都要去思考。

很快就要步入大四，面临就业，他的心中充满了期待。只要不断学习，不断前进，有自己的目标，有自己的路线，未来就一片光明。

2016 年 8 月 19 日，他与亲朋好友告别，离开了深爱的家乡，踏上了从未走过的征程，只身一人来到了吉林工程技术师范学院服装工程学院的新生报到处办理了报到手续。起初他对自己的大学有点小失望，因为他理想的大学不应该是这样的，但是他心里有个信念，那就是"既然来到了这里，就要让自己尽力变得更完美"。他以全新的面貌面对新的开始，展开了人生新的阶段。

刚进入校园，一切都是陌生的，和同系不同班室友进行了简单认识，每天都有不同交流。在班级，他积极努力获得大家认可，竞选了班长职务。大学生活就这样开始了。

后来他在学生会纳新时成功进入了系学生会这个大家庭里。当时他感觉自己特别厉害，下定决心要以最优秀的自己努力做到完美。转眼两年多过去了，他在体育部成为举足轻重的成员，从开始的简单服务工作到现在的院系负责人做得得心应手。只有努力才会有收获，很多时候任务繁忙到影响正常上课，但他努力奋斗、刻苦学习，到现在发现这一切都是值得的。

他两次担任新生辅导员助理，带领和管理新生。他一开始以为这个差事很好玩，后来才发现，他的一言一行对新生都是教育和引导。在废寝忘食地去整理他们的入学资料的时候，支撑自己的还是那句话，"以优秀的自己尽力做到最完美"。他也在这些机会中锻炼了自己，磨炼了自己，使自己更加吃苦耐劳。

2017 年 4 月他开始接受党的洗礼，努力学习党的精神。2018 年 5 月他通过了党课培训，完成了党课结业，并不断向党看齐。他下定决心更加努力，思想上提高道德修养，坚定政治方向，努力学习、艰苦奋斗、乐于助人、遵纪守法，努力做到品学兼优。

下面是虞同学分享的学习感悟：

由于大学课堂生活和高中时完全不同，我们要自己不断去学习，不断去接受和理解。课堂上所学的与想象的相差甚远，还需要自己不断地去学习、去钻研，还需要更多的资料去填补。不断学习，知识面才会不断拓宽。

在学习时，要做到独立思考和精益求精，钻研的同时也要不断去接受别人的经验来完善自己，让自己的专业知识和各方面不断有进步，让自己多方面发展。不断地学习新技能、新知识、新方法，为自己的未来做更多的铺垫。

大学社会从来不会因为你的个人而停止，你只有不断前进才能跟上时代的步伐，得到自己生存的路线，有自己的发展之地。

不必回头，一路向前，以优秀的自己尽力做到最完美，相信到哪里都会拥有属于你的一片天地。

第十二节
力耕人生沃土，擎举理想之柱

伏同学，男。大学期间，他从一张白纸、一艘没有罗盘的海船，凭借努力的品质和认真的态度，成长到可以独自描绘人生的壮美画卷。

他是校学生会副主席，是十佳社团的会长，也拿过全国英语大赛的三等奖，是周围同学眼中的佼佼者，老师手下的得力干将。同学们都很敬佩他，老师们也都很器重他。可是又有谁知道，光鲜亮丽的背后隐藏了多少的痛苦与坚持？

从小学到高中，他都是一个对学习毫无兴趣的学生，虽然成绩不算垫底，但也不算很好，较为普通。他最典型的特点就是学习状态差、心态差。他也许在试图改变，他害怕会一直这样差下去；害怕别人眼中的羡慕会在一瞬间变成无情的嘲笑；害怕自己爬得越高，摔得越惨；害怕自己从此没有翻身之日；害怕未来一团漆黑，找不到人生的方向。

但他还是幸运的，高考的时候，他凭着自己优秀的英语成绩考入了一所还算不错的大学，这好像是他人生的转折点。于是，他告诉自己不能再这么浑浑噩噩地度过自己的青春了。大一刚入学时他的态度非常简单且坚定，那就是改变自己。在这个信念的支持下，内向的他开始了自己的大学生涯。他参加了迎新晚会的表演，参加了英语社团的各种培训和活动，参加了学校组织的一场场辩论赛。接下来，他又当选了班级组织委员和院学生会公关部预备干事。一切都在顺利地进行着。大学的课余生活是丰富多彩的，各类大小社团所推出的活动络绎不绝。这儿一个报告，那儿一个团体，东边一场篮球赛，西边一处美食节。选择其中的一部分参加，既可以帮助自己缓解学习的压力，又能舒缓自己的情绪，还可以广交朋友。大学的社团身份，对将来人生多元化有百利而无一害。

但是大学生涯也不都是轻松的。在学习上，他积极请教高数老师。高数这一学科对他来说非常困难，但是周老师是个老教授，特别喜欢能够努力认真学习的好孩子。每次下课，周老师都会认真地解答他的问题，就连自己的笔记本和错题本，周老师都会通通借给他翻阅。如果遇到了太麻烦的问题，周老师就会把题带到办公室或者带回家去做，第二天再为他解答。

学习上有了老师的帮助，便变得不那么困难，但是生活不一样，日子都是靠自己过的。生活总是这样的：如果你不主动改变，就只能被动地接受改变。

大二上学期，面临部门里人员去留的问题，他为难了。因为性格的原因，他一直没有在部门里找到适合自己的表现机会，最后只能落榜。那段时间里，他真的有些灰心了。有句话叫"江山易改，本性难移"，他觉得自己可能永远都是那种做什么都不会成功的人。

因为有了这种心态，他不敢告诉父母，怕他们担心，也不敢告诉自己的室友，怕他们嘲笑。细心的王老师发现了他的怪异表现，他只好告诉王老师自己心里的秘密。王老师学识渊博，经历的事情也很多，于是耐心地给他讲了自己年轻时的故事。他以前想当一名思修大学老师，但是因为学历的问题并没有被录取，考教师资格证的时候就整整考了三年，因为当时家里穷，只能自己边打工边挣钱供自己考试学习。但总算没有辜负自己的期望，虽然考了三年，最后却也实现了自己的梦想，成功地成了一名大学思修老师。王老师正是通过讲述自己的生活经历，叫他不要轻言放弃。

努力就有回报，天无绝人之路。他总算因为自己的英语成绩突出，而让社团向他伸出了橄榄枝。他总算看到了希望。在经过一轮激烈的竞选后，他成功地当选了英语社团的会长。然而在当选后他却发现这是一个排名倒数、即将整改的社团。人员不足的现状让他心生退意，烦琐的社团管理制度及冰冷的人情关系将他先前的激情浇灭了大半。然而正如某著名企业家说的那样："从绝望中寻找希望，人生终将辉煌。"在整个团队的共同努力下，他们终究获得了来自学校和师生的认可，先后获得两个校级奖项，排名也由原来的后十名（共70多个社团）一跃进入前十。在这期间，他还参加了一个省级计算机英语比赛，获得了二等奖，通过了英语四级考试。一切看上去都是那么美好。

随着社团换届日子的临近，他自己的事情也越来越少，闲暇的状态让他发慌。这个时候他就开始琢磨自己做点小生意，说不定可以为以后的创业打下基础。但是一个没有背景、没有实力的大学生很难做起一项不亏本的小生意，于是他去请教了代导员韩老师。韩老师告诉他，大学生在不亏本的情况下做小生意不是没有可能，韩老师为他讲述了往年学长学姐们在这些方面的经验。因为临近运动会，韩老师建议他可以从临近的运动会里面挣得第一桶金。于是他把握住了这次机会，小方全面地调研之后，他选择投资。当然，除了提供水、毛巾以及解暑的东西，他也帮助同学老师们一起忙前忙后，在其中和同学合伙赚了一点小钱。虽然不多，但是每逢说起这件事，他的心中还总是有那么一份小激动。经过这次，许多参加运动会的老师和同学都记住了这个聪明而且善良的男生。他有些窃喜，并相信自己的未来也是光明的。

大二很快就来了，他参加了校学生会主席的竞选。在一轮轮紧张的竞争和等待后，他幸运地当选了校学生会副主席。接下来的日子按说是风光无限的，但他现在回忆起来却是杂乱的、理不出头绪来。在开展学生会工作，不断提升自己的组织、领导、协调能力的同时，他严格要求自己，一定要学好专业知识，为以后的就业打下坚实基础。同时，他也深知如果一个学生会主席没有相当好的学习成绩，便不能让其他人信服。本着这样的思想，他抓紧一切工作之余的时间来学习！但有时候总是会出现纰漏，会因为自作主张或者没有达到预期效果而被老师训斥。一次在一个很重要的大会上，因为主负责人是他，那次出现了一点点小的插曲——校长在讲话的时候，麦克风突然没有了声音，当时他怎么换麦克风和电池都没有用，后来才知道是音响的电线没有插严，等了五六分钟，大会才继续。那次事情虽小，但是后来他被辅导员狠狠地批评了一顿。从那之后，他做任何事情，都会非常认真和仔细。

后来他经历入党失败，学生会工作不顺利，人际关系矛盾等一系列问题，身心疲惫不堪，压力特别大。心理老师告诉他，青春虽是拼搏的时候，但不是拼命的时候，适当地休息和放松才好，这样工作也会有斗志。听了心理老师的话，后面那几天他便给自己放了个小假，专门为自己解了压。之后的他再次上任，完成的工作也比以前翻了一倍。而边工作边为自己解压的方式，也在他今后工作的日子里起到了莫大的作用。

时光如白驹过隙，生命不过是一瞬，若要在这布满荆棘而又倏然即逝的人生路上踏出无悔的小路，唯独拼搏二字——不懈地拼搏，努力地拼搏，让青春无悔。

青春，是我们一生中最美丽的季节，她孕育着早春的生机，展现着盛夏的热烈，暗藏着金秋的硕实，昭示着寒冬的希望，充满诗意而不缺乏拼搏的激情，时尚浪漫而又饱含奋斗的艰辛。当一个人的青春融入一个时代、一份事业中，这样的青春就不会逝去，而这份事业也必将在岁月的历练中折射出耀眼的光芒。

在任何一个时代，青年都是社会上最富有朝气、最富有创造性、最富有生命力的群体。要怎样才能实践自己肩负的历史使命，怎样才能使自己的青春光彩照人呢？他的大学生涯也许就是他的答复。现在的他，以身作则，努力完成生活老师为他们指定的生活规划表，每天早晨六点起床，每天早上至少背20个单词；白天看自己喜欢的各类书籍。如果现在问他将来是怎么打算的，他会说当一个拥有乐观生活态度、独立思想、强大内心和开阔视野、丰富知识储备的学生。毕业时，他一定会寻找到自己的美好前程！

第十三节
四载春秋更迭，四载子兰流转，唯须臾感动长存于天地

贲同学，吉林工程技术师范学院服装工程学院服装设计 1441 班学生，中共党员，2018 届校优秀毕业生，曾担任服装工程学院社团联合会主席。在大学四年期间，他认真学习，积极实践，取得了优异的成绩和众多荣誉奖项：四年所有科目成绩平均分 92.2 分；大学英语四级 489 分；获得吉林省政府奖学金 1 次，校级一等奖学金 5 次，三等奖学金 2 次；被评为 2015—2016 学年校"十佳大学生"。除学习之外，他在专业以及实践方面也取得了硕果：获 2016 中国服装买手大赛全国金奖和最佳销售奖；携作品参加 2018 中国国际大学生时装周优秀作品展；获 2015"金顶针"杯东北三省服装设计效果图大赛三等奖；2016 服装工程学院服装效果图大赛二等奖；获 2014 校演讲比赛一等奖；被评为 2015—2016 学年校"优秀学生干部"。

对贲同学来说，大学四年的时光是他人生中最难以忘却的一段美好回忆。从懵懵懂懂的大一新生到收获知识和成长的大四学长，这一段时光中发生过许许多多的故事，有充满欢笑的，也有充满感动的；有成功的喜悦，也有失败的教训。也正是这么多色彩各异、缤纷斑斓的故事，才构成了他精彩而又充实的大学生活。下面就让辅导员来分享一下他的成长故事。

在辅导员的印象中，贲同学是一位学生干部，在平时的生活中，他除了出色地完成自己的学业，还参加了学生会，并热衷于参加各项课外实践活动。但在这么多次活动当中，有一次是最令他难忘的。

大二时学生会组织了一次公益活动，叫"爱心一顿饭"，是针对一些孤儿开展的。听说了这个活动的消息之后，他立马报了名。他想贡献自己的一分力量，哪怕很薄弱。在上午的时候，他就提前和其他几个学生干部去到菜市场挑选食材，打算为孩子们做上一顿丰盛的午餐。经过漫长的车程，他们来到了目的地——长春市的一个"爱心之家"，家长是一位三十出头的青年。他看到屋子里的一切物品都摆放得整整齐齐，孩子们的生活用品、学习用品都井井有条地放在自己的位置上，房间里也是十分整洁，他的心里不禁暗暗敬佩。简单地攀谈之后，他们几个就开始了忙碌的午餐制作。因为据说有很多孩子在这里居住，所以要多准备一些。

眼看时间到了中午，孩子们也放学了，陆陆续续地回到了家。等到人来齐之后，他惊讶地发现，这里竟然有 12 个孩子，他们当中，小的不过才六七岁，大的孩子都读到高中了。他向那个家长问道："难道这 12 个孩子平日里都是您自己在照顾吗？您自己能忙得过来吗？""对啊，大部分的时间都是我自己来照顾他们的，有时候会有像你

们这样的志愿者来看看孩子，陪陪孩子们。平日里，他们上学的时候，我就去打打零工，捡捡废品什么的去卖，加上政府给孩子们的救济补贴，勉强够他们上学和生活的，这就够了。"听了这些，贲同学的眼睛里不只充满了惊讶，更多的是一份敬佩之情。那位大哥又接着讲道："其实有的时候也很难，难到生活没法继续，但看看孩子们，我还是会想尽一切办法来让他们有温饱的生活，让他们上学，得到教育。孩子们也很懂事，一个个成绩都十分优异，他们也很珍惜自己的学习机会。我和他们一样是孤儿，我没上过学，所以我现在不管自己怎么样，只要我还有一份力气，都得让孩子们不再过我小时候一样的苦日子。"听完这番话，这位大哥的身形在贲同学眼中仿佛又高大了几分。随着他的手指望去，墙上贴满了孩子们的奖状，密密麻麻……

在吃午饭的时候，贲同学可以看到，孩子们虽然都很喜欢吃肉，但他们并没有一直盯着，尤其是年龄大的孩子，还会把自己碗里的肉夹给弟弟妹妹吃。吃完之后，孩子们都利落地把自己的碗筷收拾好，井然有序。在他刷碗的时候，几个孩子跑了过来，抢过他手里的碗帮他一起刷。看着孩子们娴熟的姿势和步骤，他的眼里再一次充满了敬佩和感动。或许在他们的这个年纪，他们失去了父母的关怀，失去了衣来伸手饭来张口的悠闲，但他相信，他也看到了，这些孩子们收获了更多，也成长了更多。其实，不光是孩子们，辅导员相信贲同学他自己也收获了很多，成长了很多。在回到学校之后，他把这件事告诉了老师，告诉了其他同学，让更多的人去关心、去帮助"爱心之家"。那一刻辅导员的眼眶微微泛红，心中有一股暖流在涌动。望着贲同学那坚毅的脸庞与炽热的目光，辅导员由衷地为他的成长感到高兴。

人间有真情，生活中也充满着真善美的光芒，那就是人性的光辉。而这，也是贲同学在感动中学会的成长。

第十四节
师泽正当时，桃李永铭恩

荀同学，女，大一起担任班长，同年加入院系社团联合会文艺部；大二担任文艺部部长；大三担任院系社团联合会主席，同年成为中国共产党预备党员并赴韩交换一学期，2017 年 6 月毕业。2018 年成为中国共产党党员。后于韩国建国大学新闻放送学院广告专业读硕士。

大学生活是她二十几岁的人生生涯里最珍贵的经历。回想起老师们给的鼓励和关怀，她的心里至今还是会涌起一股暖流，那也是她心底的一盏灯，每每失意或困顿，它都会闪闪发光。于她而言，大学生活像是一砖一土精细打好的地基，造就她的言行，丰满她的羽翼，令她成长为真实的自己。

那时是大一下学期，虽是秋天的长春，却早早地让人想穿起厚棉衣。说来惭愧，身为学生干部的她也因早操时频频缺勤，不能作为其他学生表率。而在一次学生会大会时，被辅导员当面批评。她悻悻地离开了 618 会议室，头都不敢回。当时她的内心活动是既不甘又懊恼的。辅导员因她懒惰而失去在学生会学习的资格感到十分不值得。而后的早操，辅导员都会看到她的身影，辅导员知道她是在填补自己内心的遗憾，也是在等一个机会回归，这让辅导员感到很宽慰。时隔数日的全员大会上，她记不清当时在低头写着什么，只有一句"想回学生会就回来，老师给个台阶"传进耳里，当她抬起头看到的是辅导员正在微笑。那一刻她放下了心中所有的顾虑，选择重新加入学生会。就是有这一步"台阶"，她才能有之后大学生活多彩的经历，才会懂得知错能改会有好结果，懂得机不可失，珍惜机遇。同时经过这一次，她了解了辅导员的另一面。起初她记忆里的辅导员大多时候是"唱黑脸"的角色，严厉、不苟言笑，但这之后她看透了辅导员严厉的外表下是包容，是没有愠火的教人成长。

2015 年 5 月服装工程学院非常荣幸地邀请到了吴邦昌先生做《服装版型探索及概念开发》的学术讲座。讲座完毕后荀同学接到杨老师的任务，写一篇关于吴邦昌先生讲座的总结报告。接到任务时的她一时间觉得无从下手，因为从未写过正式的报告总结。写好后她在邮件的末尾写上了"初次写报告，写得不好，望老师见谅"。没想到杨老师很快回信："我看过你写的报告了，非常好。我真的没有想到大二的学生能把这个总结报告完成得这么好，表述清晰，层次分明，不愧于郭老师的推荐。也再次感谢你的帮助。祝学习顺利，生活愉快。"这一封回信她一直保存着。得到杨老师的肯定后，她豁然开朗，原来尝试新的事物并没有想象中那么困难，还会收获意想不到的惊喜。杨老师的肯定不仅是对她的鼓励，也成了她日后面对未知时的勇气。

若是问起她大学里最骄傲的事情，那便是能成为服装工程学院的学生这件事儿了。无论是运动会上围巾飘飘的教师方队，还是课上课下的幽默风趣，又或是如同龄人般理解学生心境，她都深切知晓服装工程学院教师团队的特别和善解人意。刚从韩国结束交换期回到学校，她需要补重要的专业课，而当其他学院去交换的同学还一筹莫展的时候，她的老师已经计划好了当学期补课，丝毫没有浪费她一点时间。对比其他学院的同学重修补考拖到毕业才解决，她又油然升起敬意。她的老师们也是牺牲个人时间帮她补课，但丝毫没有推脱，凡事都站在学生的立场上考虑。毕业答辩时，她的研究生面试日期和答辩日期相撞。本就因无法和同学一同参加毕业典礼而遗憾万分，知道这个消息后就更是雪上加霜，焦虑不安之下她找到了院长问如何是好，院长商议后决定提前一天帮她毕业答辩。老师们总是像超人一般，解救她于危难前。第二天一早她顺利地搭上飞机赶去面试，心里只有一个想法——一定不辜负老师们的关爱，一定要通过面试！带着这个信念的她成功通过面试。虽然现在的她已经毕业了，但感恩的心却一直都在。

第十五节
知岁鲜而砺其德，鉴他圆而求己瑕

莫同学，女。乍一看，她身高不高，肤色偏黑，是一个并不怎么起眼的小姑娘。但是，她却有足够丰富的内心。她喜欢呼吸清晨的新鲜空气，喜欢穿着方便舒服的鞋子，喜欢干净整洁的浴室厨房，更喜欢讨人喜欢的各种动物。

2018 年的她正要读大四。逝去的大学三年里，她拿到了两次十佳大学生称号、书法大赛三等奖、优秀学生干部、青年马克思主义者培养工程培训结业、三次一等奖学金、一次二等奖学金、两次三等奖学金以及分团委副书记称号的荣誉。这三年，她体验了很多东西：兼职、学生会、班委、作业、锻炼身体、毫不犹豫地剪短发、旅游……虽不完美，但较完整。总算是度过一个不算是荒废了的大学，谈不上用尽全力，但也至少不后悔。

往后余生，做事竭尽全力，不留遗憾，一条狗、一个伴侣、一个自由的灵魂便是她毕生的梦想。

2015 年 9 月 5 日，她从山西省来到了吉林工程技术师范学院。到这里的第一印象，是"复古"，她不禁想起了电影《匆匆那年》里的场景，尤其是宿舍的水房。这让她觉得很有趣，全然没有当今高楼大厦钢筋混凝土的冰冷气息。这个学校，很接地气。

过了军训期，便开始上专业课。她对大一时期的专业课印象最深的就是胡院长的水彩和素描课，他是一个很有艺术气息的老师，自内而外散发出的一种特殊的气质，温和大度、与世无争。所以这样一位老师教的素描水彩课课堂氛围也不会太紧张。每一位同学都细心描画着自己的画，她也不例外。从这位老师身上，她学到了一种宁静致远的品质。

上课之余，她加入了学生会大家庭，刚开始在校文艺部，后转入院组织部。在组织部，她学习到了很多的东西。这些东西不仅在于材料怎么写、流程如何，更在于一些做人做事的道理。

组织部部长是一位学姐。学姐个子不高，但是每次都有很强的能量并能感染身边的人，她就是被感染的其中一个。学姐经常说，我们只有努力一点，再努力一点。学姐不仅这样说，也是这么做的，这给了她很大的榜样力量。学姐做什么事情，一遍不行，就再来一遍，没有懈怠和烦躁的时候。她看在眼里，也学着学姐的样子那么要求自己。

组织部的材料较为繁杂，一个表格看起来不长，但常常蕴含着很多信息，每一条信息都得核实准确，否则就会出错。组织部文件性的东西较多，不像是文艺部、体育部那种实践性活动较多的部门，做文件需要有很大的耐心和细心，不能毛躁。她从小学习美术，耐心和细心能力自然是很强的。所以她很喜欢组织部的工作，从大一坚持到大三，终于当上了分团委副书记一职。

令她印象最深的就是大二那年，基本上每天六点半到七点的早操完毕之后，吃了早餐，便去办公室开始做材料；没课的时候经常在那里待一天，如果有课便去上课；若是办公室有活儿，下课的十几二十分钟也经常溜去办公室。那是她记忆里最充实的一段时间。虽然丧失了很多和朋友出去玩儿的机会，也失去了与大家玩游戏、刷剧的时间，但是她很快乐，她认为那样做很值得。很多时候材料虽然枯燥烦琐，但是她的打字速度却越来越快，Word、Excel、PPT等的操作越来越熟练，看文件也不再像以前那样浮躁，逐渐养成了仔细耐心的习惯。

在学生会大家庭，我们能学到的不仅是做材料，更多的是做人做事方面的道理。不仅要和老师、学姐学长们处好关系，更要想着如何管理下边的学弟学妹。身处分团委副书记一职，如果管理不好学弟学妹，不能充分调动他们的积极性，那么工作将无法开展，学生会大家庭也会变得零零散散。于是她有时晚上睡觉之前、走在路上、吃饭的时候都在想，该如何处理周围的关系；如何调动大家的积极性，有哪些办法可以让大家积极开会，积极支持各种活动；自己哪里做得不好，该如何改进……每天处在积极活跃的状态下，再加上勤思考，人不自觉地就会进步。她和周围人的关系越来越好，材料做得越来越规整，性格也越来越阳光。

如果说有人问怎样才能把一件事做好，那便是先勇敢迈出第一步，之后一头扎入这件事，一直做一直做，那样便会成功。也许其中会有崩溃的时候，也会有出错的时候，但只要坚持下去，肯定会看到希望。

如果大家想问学生会的魅力到底在哪里，那就是在大学时光里，不至于虚度光阴。加入这样一个组织，你会发现你的毅力越来越强，认识越来越多有梦想、有个性的人，认识很多老师，了解到更多的有用的信息，在学习、生活和工作三者之间越来越会分配自己的时间……总之，好处很多，只要坚持下来，就一定会有成果。

她想起在上张老师的工艺课时，张老师对她说的话："你的梦想是一个圆点，你现在做的所有的事，都是在围绕那个圆点做圆，做的事情少，那么你可能在圆点上做了一个锐角；做的事情多，可能会做一个钝角。我们此生能做的，便是围绕那个圆点不断地完善那个属于我们自己的圆。"

张老师说的话对她产生了很大的影响。她明白自己不是一个多么勇敢自信的人，在接下来的日子里，只能靠自己不断完善自己，让自己更加自信勇敢，画出一个趋向于完美的圆。

大学生活的"余额"不足了，但是接下来的生活，她依然不会虚度。她会把自己的缺点一项一项改掉，将眼前该做的事做好，不辜负家长的期许，不辜负老师的教诲，也不辜负自己的梦想。

往后余生，她会好好生活，也祝大家每个人能够心存感恩，不忘初心。

第十六节
二载庠序闪景，百技经帷妙领

裘同学，男。他是一个活泼开朗、乐于助人的男生，他的发型更是引人注目。大学生活给了他属于他的舞台。

他在校期间，积极参加活动及各种社团，是一名学生干部，喜欢从枯燥中寻求乐趣，善于团队合作，组织活动更喜欢的是交际。这也是他最擅长的。

参加大学生艺术团、模特协会、乐器协会，其中每次模特演出都能看到他的身影。但是在学习方面他表现得非常一般，只获得过一次三等奖学金。在学校"创先争优"活动中他被评为"优秀学生干部"。他组织过学校第九届"心理剧"表演，并获得三等奖；参加过"青年马克思主义者培养工程"并顺利毕业；在院系担任分团委副书记一职；考取了普通话二甲证书。

在大学中经历了很多，也交到了很多朋友，更重要的是他学会了分担压力，学会不被压力所压倒。

如今，大学生活已过两年，他已经从一个幼稚懵懂的男孩变成一个懂得担当的成年人。与其说是时间磨炼了他，不如说是大学生活成就了他。大学环境提高了他对社会的认识，提高了他的接受能力、适应能力、独立思考的能力和他的为人处世能力，使他能在苦中作乐。

剩下的时间真的不多了，也希望他能好好珍惜每一次的相处，去迎接属于他的未来。

2016年9月，他满怀期待，背着厚厚的行囊，离开他生活了18年的家乡保定，只身一人来到了东北，他的大学——吉林工程技术师范学院。没有家长的陪伴，他的旅途是寂寞的。在车上他整夜未合眼，看着轨道两侧景色的变化，那个时候，他还不知道那是一个寒冷的城市。一夜的路程让他非常疲惫。六点零二分，列车缓缓并准时地到达了目的地——长春站。拖着厚重的行囊，他走出了通道，记起临行前父母的话："到了记得告诉我们。"假装放轻松，背对着长春站露出一个象征性的微笑，还有那个幼稚的剪刀手，拍照发给了父母。那时他是快乐的，也是悲伤的……

他坐车来到了期待已久的校园，接受了学长学姐亲切的接待。报到之后，开了新生入学大会。会开了很久，但如今裘同学能记得的只剩一句话："大学学习，学的不只是课程上的知识，更多的是为人处事和交际。"

他开始了一段全新的旅程。接踵而至的军训，让他光荣变成"小绿人"中的一员。接下来会有很多困难在等着他，他明白也知道该怎么做，于是毅然决然地选择加入学生会。经过层层筛选，他如愿以偿地留在了那里，成为一位光荣的学生干部，也顺利加入了许多的社团。

一晃一年过去了，他的确交到了许多的朋友，也尝试了很多没接触过的东西，但他并不快乐，因为所有的东西他都只是略懂，并没有深入了解。这也给了他很大的启示，他决定要在学生会展现自己的余热，于是他在组织部撸起袖子加油干。组织部是一个需要极其认真的部门，容不得半点马虎，也就是这样的环境锻炼了他的耐心与细心。有了自己的部员，他模仿着他的学姐，也像她们一样锻炼着，仿佛"一年前的自己"。直到那个时候，他终于明白，培养他人比自己有了成就还要高兴。

如今的他已经是一名重要的学生干部，如愿以偿当上了分团委副书记。那是一种责任，当责任化成使命时那就是义不容辞的。他拼命地向党组织靠拢，过了二级党课的考试，却因为文化课成绩过低，被拦在了发展入党的门口。他回过头认真看自己走过的路，不足之处被无限放大，他奋起直追上课认真，努力地改变着。

时间过得很快，又到了迎接新生的时候。他们是 2018 级的"小豆包"。没错，如今，他成了新生的班助，他也会像当年学姐学长带他一样带他们。看着新生稚嫩的笑脸，他依稀能记起当初的自己，那个疲倦的微笑、那个幼稚的剪刀手……还有一年多，他会好好珍惜在这里的时光。如果时间能重来，他还是会选择去经历，做最好的自己。

第十七节
良师箴言绕耳畔，红色基因筑根基

郗同学，在校期间，也获得各类荣誉。在2016"创先争优"中被评为优秀团员；参加吉林省大学生就业能力拓展训练；在2017"五四评优"中获得政治理论学习标兵，参与校大学生创新创业，荣获经费资助；在"欧亚杯"服装色彩设计大赛中，荣获大赛优秀奖；在"远东杯"服装色彩搭配大赛中，荣获大赛三等奖；参与老师研究项目，并获三项专利；在《高考》杂志中发表文章《浅论当代在校大学生到大学生士兵的转变》。也正是因为这些荣誉，他在学习中不断成长，不断充实自我。正是有了这些经历，他明白了一些人生道理，回过头来审视自己的成长经历，发现过去所遭受的那些挫折、痛苦并非完全没有价值；相反，它们中隐含着深远的意义。

大学是知识的殿堂，处处充满着知识的芳香，洋溢着文化的氛围。刚进入大学校园，他感到一切都是那么陌生。大学，人生的又一大起点。2014年走进大学的大门，郗同学开始了他的学习之旅。

在进入大学之后，他于大一时加入了学生会，成了学生会的一员，并提交了入党申请书。在大二期间，他担任宣传部副部长。在大三期间担任学生会副主席。在此期间，他组织并参与学院的模特大赛、校运动会以及一些小的文体活动，参加老师组织的大学生志愿服务小组，并多次参与志愿者服务工作。正是因为这些工作中的经历，他渐渐拥有了成人的感觉，感到自己身上肩负着某种责任，理所当然地去承担生活中的某些东西。因此在2014年9月，他抱着坚定的信念向党组织递交了入党申请书，表明自己的理想和愿望。他志愿加入中国共产党，立志做一名有理想、有道德、有责任的优秀大学生。于2015年3月，他开始参加学生党校的学习，通过党校的学习，对党的性质、纲领、宗旨、指导思想、组织原则、纪律、党员义务等党的基本知识有了更深刻、更全面的了解，并且以优异的成绩通过了党校的考核。此外，在上大学以后，他有更多的时间和机会接触到身边的党员，政治视野也得到了扩充，让自己的思考能够和实践结合，学得有进步，做得有体会，像正式党员那样严格要求自己。他很荣幸在2017年11月22日成了一名预备党员，也很感谢在大学的这段学习和在各种工作活动中的切身经历，这段经历将让他终身受益。

本科四年，思考、书籍和社会实践使他不断走向成熟，对知识的渴望、对理想的追求、人际关系的扩展和思维方式的变更，造就了他不断完善的专业技能和日趋成熟的思想，培养了他务实进取、认真负责的工作作风和良好的团队精神，良师益友也在其中起到了重要作用。正如《礼记》中说的："经师易遇，人师难遭。"在大学里，他遇到了他的"人师",也就是辅导员。在他对生活、对学习充满疑惑而倍感压力的时候,是辅导员不厌其烦地耐心疏导,带他走出心理困境。尽管辅导员一直标榜自己"严厉""不讲情面",但辅导员身上体现的是一种人格力量和内在气质。辅导员的这种人格力量和内在气质在日常生活中更是体现得淋漓尽致:端午节自掏腰包给学院的同学买粽子,中秋节买月饼,让远在他乡求学的学子内心不再那么想家。辅导员这种奉献的精神,一直影响着他,让他的心中生出高尚、敬畏之感。正所谓"亲其师,信其道",他是在最好的年华里遇到了他的"人师"。

四年的大学生活是他人生这条线上的一小段,是闪闪发光的一段,它包含了汗水和收获!如今,他已经从新生成了一名毕业生。一步步走来,有时他也感觉很忙很累,但他相信付出与回报是成正比的。大学生活使他提高了自学能力和对新事物的接受能力,使他的思想成熟了许多,性格也更坚毅了。离开了大学校园,相信这些年在大学看到的、学到的,将会为他指明新的前进道路,并且在新的道路上越走越远。

第十八节
七载潮平岸阔，不忘殊深师恩

许同学，爱好绘画、演讲，大学期间曾获得 2 次奖学金、东北三省第一大道杯银奖以及在各种社团活动中获得的奖项。

为了让自己得到更好的锻炼，大学期间她担任了学生会和班级的干部，期间做到学生会副主席兼生活部部长、班级团支书，乃至每一次学生会的工作及各种活动的参与，班级同学之间的带动与配合都让她收获颇丰，对于其日后进入社会以后的各方面的帮助都是无法估量的。

严酷的军训生活结束后，许同学迎来了入学以来的第一次挑战。作为班级团支书，她被辅导员选为全系新生班干部代表，在新生动员大会上发言。她面临要在 11 个班级共计 300 多名学生以及全系的老师面前发言的挑战。第一次站在讲台上面对那么多人，她紧张地准备发言稿件，反复训练自己的语速、感情，终于圆满地完成发言，也被全系的师生所认识。此次发言可以说是在她的人生轨迹中有着里程碑的意义，让她成功地迈出了人生的第一步。乃至到现在，每每主持会议、组织各种活动和在各种大型会议上做主持人时，她觉得自己都离不开那一次的成长与奠基。

大一的暑期是她大学期间最难忘的一段日子。由于新一届的新生报到比较早，作为生活部成员的她，必须早早地来到学校为接新生做准备。经过大一一年的锤炼，她已经成长了很多，但是接新生还是第一次，于是她对接下来的这一段时间的工作与生活充满了期待。辅导员和部长出于对她的信任，把最重要的寝室分配、登记以及家长和学生的疑问解答都交给了她来负责，她还担任一个班级的代理辅导员。三天里，新生大量报到，需要进行大量重复的工作，每一位新生和家长都有太多疑问和对住宿条件的各种要求需要去解答和处理。第三天，她嗓子哑得已经快说不出话来了，整个的迎新生过程使她深刻地意识到人不是光有冲劲就能做好细致而烦琐的工作。日后在人生和工作中必不可少的一种能力——耐力，也是在这期间得到了很好的锻炼。当代理辅导员时，她原本想的比较简单，以为说说话、传达一下、组织开开会就可以了，然而 30 个学生，形形色色，在军训过程中状况不断，有需要跟家长和导员之间沟通的，同时也有需要陪伴的，更有一些突发状况需要善后。一个月的时间，许同学和新生成了很好的朋友，为新生之间搭建了桥梁。同时，她通过这份工作体会到了人生的"责任"二字。

在大学期间，有一位老师给予了许同学思考问题方向上的教育，她就是大二时教授色彩与摄影课的老师。一般老师上课有什么问题时直接找班长，不会找团支书，但是这位老师的课无论大小事宜都会在班级喊"我的小团支书呢?"许同学也私下里喊她"我的小老师"。这位老师刚上任一年,与许同学年龄差距小,性格也相像,所以特别谈得来。这样一来,她们接触得越来越多。许同学对色彩的感觉一直不太好,心里总对关于色彩的运用特别没有信心,甚至出现了一些心理恐惧。老师细心地发现了这一点,但没有直接指出来说色彩运用得不当,而是跟她聊起了刚开始学习绘画的过程。原来,许同学在第一次画服装效果图的时候,色彩没用好,把原来画得很好的平面图弄得一塌糊涂,当时她心里就有一些承受不了,对色彩运用产生了排斥。在了解完症结后,老师让许同学就按照自己的感觉画,画完她来看看。当她画完的时候,老师过来说:"多好啊,我认为相当不错!我手痒痒了,让我画两下。"然后她在许同学的调色盘里用两个颜色混一下,在水果上面提了几笔,画面就不一样了。许同学问她这是为什么,她说每个人对色彩的感觉都不一样,没有任何对错之分。要是千篇一律,就没有创作了。她说许同学只是太拘谨了,束缚了自己的思想,不敢大胆地运用而已。绘画本身的境界就是随心走,然后才是技巧。从那以后,许同学发现自己真的对色彩运用没那么抵触了。通过这件事,她认识到其实老师教给他们的并不都是书本里一些固有的知识,精神层面的引领何尝不是可以改变人一生的教育呢?

还有一件事情令许同学至今受益。许同学是一个比较随性的人,很多事情不爱自己去争取,总是有那么一点不够大胆。大学时期入党的条件是综合考虑的,学习成绩要求前 12 名,很不巧的是,她大一下学期英语挂科了,导致排名一下就落到第 14 名,入党就不够条件了。许同学自己都放弃了,但是她的一位老师没有放弃。他咨询了校党支部,因为她其他条件都够,校党支部说这种情况只要再获得过市级以上的奖项就可以,而她恰巧在大一的时候获过相关奖励,于是她得以顺利入党。"无论是什么事情,当你在认为没有可能的时候,再努力努力,再多争取一下,或许就会有不一样的结果。对于今天的我来说生活中、工作中我都受益于这种精神,感恩我的老师给予的宝贵教育。"回首往事,许同学感慨万千。

说起大学时期,许同学总有说不完的故事。大学里的一面墙、一寸草地、一片操场都留有我们的青春记忆。她爱自己的学校,也感恩这四年里所有教过她的老师,感恩他们的辛勤付出。

第十九节
于芜杂浮世中保持热爱，于轮转光阴中赓续奋斗

方同学，女。怀揣着一份对学生工作的热爱，在一波三折的大学生活中，她最终把握了自己的方向，闯出了一番天地。

踏过小草的印痕依然留在心底，闻过的花的余香依然萦绕在心间，回首过去的时光，好的坏的都是风景。时间总是无声无息，让人摸不到、触不及，可是却在无声无息之中给人带来了很多，让人学会了很多，感受了很多。

三个月前，方同学与母亲来到这座陌生的城市。从飞机窗户向外望去，依稀可见这座城市模糊的轮廓。那时，她的心情既紧张又兴奋，她即将开启自己的人生新阶段。

正值开学季，学生会纳新的学姐学长为她们介绍学生会各部门，同学们纷纷积极报名。她也不例外，拿到报名表的她，认真填写了自己的信息，心里祈祷着一定要加入学生会。面试的时候，她内心非常忐忑与紧张，看到台下坐满了人，学长学姐们身着正装，准备提问她时，她手心里都是汗。不过她认真背过的面试稿件在真正上去的时候起了作用。之后学姐问她加入学生会的原因是什么，但她好像没有认真思考过这个问题，好在犹豫半天后她坚定地说，因为她想成为更优秀的人。

有句话叫"智者乐山山如画，仁者乐水水无涯。从从容容一杯酒，平平淡淡一杯茶"。对生活泰然处之，淡定从容，不管遇到何种困难，都要勇敢面对。在等待面试结果的时候，她的内心也是忐忑不安的。收到学长发来的面试通过短信时，她高兴得不得了——终于如愿地正式成了学生会的一员。

第一次部门会议召开的时候，她认真地用笔记录下来学长学姐们的任务安排和要求。看着学长学姐们有条不紊地安排着工作，她心里满满的都是钦佩。她心里暗暗想着，她一定要完成工作。开始的工作都是在学长学姐们的带领下，在平稳有序且和谐的气氛中开展着。通过学长学姐们的团结合作，工作顺利开展。这项活动主要由宣传部负责，从会场的布置到人员的分配，以及各部门的密切协作。从这次活动中，她学习到了学长学姐们认真做事的态度，是他们让她明白了，无论做任何事，哪怕是很小很小的一件事，自己都要用心把每一个细节做到。从扫地、擦桌子、人员的分配，再到会场布置等工作，每一件微不足道的小事都要用心去做。不仅办事速度要快，办事质量也要高。这当中的每个细节都表现出了一名合格的学生会成员的高素质和高标准，同时也让她感受到集体的温暖。

在这些日子里，她还有许多心酸的回忆，也明白了学生会是锻炼人的地方。宣传部最重要的工作就是出板报。板报的设计和排版都是她自己设计完成的。为了设计出

理想的效果，很多时候她都是跪在地上完成的。每次看着自己完成的板报，便忘记了跪了一两个小时的膝盖疼痛，毕竟一切辛苦都是值得的。她为了写出一手好看的POP字，每天上课的课间都在练习，回了寝室也在练习。室友们都笑她说她要成练字狂了，不过她也只是笑笑，继续练着自己的字——因为只要想着每一次漂亮的板报，她就觉得一切都是值得的。

学校经常组织文艺活动，组织活动都需要很多人，这个时候就需要学生会各部门挺身而出了，所以她理所应当地加入到了这次活动中。这项活动是由文艺部重点负责的。从大家的踊跃报名、人员的选拔到最后的总决赛，每一个环节她都参与了进去。文艺部成员在部长的带领下，认真地完成每一项工作。从节目的初选到复选，他们都非常认真地对待，最终选出优秀者参加最后的总决赛。

主要的节目安排是文艺部组织的，而装饰报告厅就是宣传部的任务了。她认真地把气球装饰起来，即便忙碌到中午，也没有按时吃饭，但是看着学姐学长们都在一遍一遍检查着，没有任何怨言，她也告诉自己不能轻易地放弃。所以一直到结束，大家都认真、有条不紊地工作着。工作结束后，老师给同学们开会，老师笑着问着大家："你们现在知道学生会的辛苦了吧，现在有人想要退出吗？"大家都笑着说不会退出，老师说："你们学姐学长们也是这样过来的，当时觉得好辛苦，可是后来回想起来其实这都是很美好的回忆。"方同学若有所思地点了点头。但是，任何事情都不可能是绝对完美的，都会在中间的过程中稍稍出现了一些混乱。不过从整体来说，效果是非常好的，得到了广大师生的一致好评。会议结束后，各部门都认真做了总结，肯定了大家的成绩。方同学却觉得老师们才是值得大家学习的，他们的认真、细心和严谨，都让她深有感触。哪怕他们只有极短的话语，那都是对同学们的关怀和教导。不过正是因为这些年的历练，如今成为部长的她，回想起那些辛苦的时光，突然也明白了，每个人都不是随随便便成功的，过去的自己，付出了很多努力，才会变得优秀。

她很感谢学生会的领头人刘老师。这是一位负责教授管理沟通的女老师，亲和力很强。但当她发言时，大家都不由自主地静下来，感受她强大的气场。刘老师说过很多令人印象深刻的话。最令方同学印象深刻的是有一次她被安排去老师办公室打扫卫生，由于老师平时严肃的形象，所以她内心感到紧张和害怕。到了办公室门口，她小心翼翼地敲了门，老师便叫她进去。她心怦怦地跳着，拿起扫把打扫卫生，生怕发出声响或打碎东西，被老师批评。

在认真打扫完卫生后，她长舒了一口气。刘老师看她扫完就叫她歇歇再走，亲切地问她的学业，还问她过得习惯吗，这让她改变了对刘老师的一贯印象。在之后的日里，她更能和刘老师交流沟通了。在每次面对疑问时，她都会去询问刘老师，刘老师都会以最专业的角度来为她答疑解惑，总是以短短几句话找到问题所在，让其理解并解决问题。刘老师曾说过："你不努力，你怎么知道自己不可以？"这句话让她在很多迷茫的时候都坚持下来了。

因为刘老师的鼓励和教导，方同学能在迷茫的时候选择正确的方向。大学生是很容易迷茫的，所以刘老师很关注每位学生，不仅关注学习，还关注他们的生活和内心，帮每位学生排忧解难。

大学三年的学生工作使方同学明白学生工作的意义：让新的学子捡起曾经的教训，并不断改变。在这里她收获了很多朋友，也很感谢自己的恩师，感谢其在她迷茫时提醒她，和她一起参加活动，一起完成工作。如果说人生是一本书的话，那么大学无疑是她阅读过的最精彩的一页。尽管大学的生活并不轻松，反而是另一种辛苦。可是，她依然愿意享受地去品读其中的字字句句，用深情去朗诵这首青春的诗。在对的时间，遇见对的人，做了对的事，是一种幸福。这一年多的回忆慢慢掠过她的心湖，使其泛起片片涟漪。人生里的好多事情，想必都是命中注定，就像她和学生会的交集。现在想来，早在进入大学之前的那个暑假，她就计划好进入大学后一定要进学生会。一切都是那么的不可思议。从进入学生会，到进入宣传部，再到结识一群心贴心的小伙伴……

一开始的她，是那种腼腆的孩子，在面对一些正式的场合，总是紧张得语无伦次，于是她很习惯性在面试时保持沉默或者不太讲话。可是，在学生会的新生面试时，她却一反常态地保持了微笑，还自如地说了一些自己想要告诉她们的话。

上学期的学生会工作是忙碌的，但也是开心的。看着这一群刚刚注入学生会的新鲜血液，奔波于校园的各个角落，手忙脚乱地处理各种事件，学习写策划，学着布置会场，学着做宣传……那个时候，她回想起自己初加入学生会的样子。陪伴与成长就是学生会与她之间的所有。每一场晚会，在收获最后的掌声之前，有着无数个熬夜、无数次排练，可能还会有无数次反思。每一篇推文，在最后群发给大家之前，可能会熬夜，可能需要预览，并修改好多好多遍。最后她发现，每一件事看上去其实都算不上什么"小事"。

其实，在真正行动的时候，很多小事都没有想象中的那么"小"。回想大一生活，在学生会工作是一抹浓重明艳的色彩。学生会是一个大家庭，温暖有爱，让她明白一份收获、一份责任的含义。合作策划与整改方案，让她真实地感受到团队精神。也许这就是学生会的魅力吧，偶尔抱怨，偶尔心酸，但有沁人心脾的温暖。你们把花的形象留下，把花的芬芳留下，真正需要在乎的并不是最终的鲜花与掌声，而是那些看似忙乱纠结的时光，也因为热爱，所以坚持，所以努力。

第二十节
行事虽有欠，增华价更高

樊同学，男。在学习上，他的成绩刚开始虽然不是名列前茅，但也认认真真地完成老师布置的全部作业。他努力学习，比别人更加认真地做笔记、复习。就这样，"笨拙"的他从大二下学期开始，每学期都拿奖学金。在工作上，他是班级的组织委员，时常热心地帮助同学解决问题，协助班长管理班级，增强班级凝聚力。每当学院组织工作，他也总是第一时间响应号召，带头投入一件件事务中不求回报。在思想上，从他高中阻止校园霸凌就可以看出他是十分热心，有正能量的学生。他遵守学院各项规章制度，认真学习党章，有良好的道德修养。在生活中，他与周围同学相处得十分融洽，会耐心倾听他人的诉说，平易近人。在他的寝室内，他也担当起了寝室长职务，主动为室友解决很多住宿问题。他也常常会不遗余力地帮助别人，把别人需要帮助的事情通过自己的方式"笨拙"地做到最好。这就是樊同学。

他是一个很"怪"的孩子。他的"怪"在于他在明明知道自己可能做得不好但却一直"笨拙"地努力着。他正是凭借着这股子"笨劲儿"才一步步地走出了和辅导员的故事。回想起来，他是辅导员带过的第一批也是第一个接触的学生。正是因为这一次接触，辅导员的心里被深深烙下了关于这个学生的印记。时间回到2019届新生报到的前一天，办公室内辅导员正在和辅导员助理们探讨着迎接新生的准备工作。走廊内出现了一个不认识但是见人就很礼貌地问好的"神秘人"，这时敲门声响起，一个男生扒开门缝探入好奇的目光并询问："请问，这里是辅导员办公室吗？辅导员，我是来报到的，想来询问一下明天的报到流程。"面对突如其来的状况，辅导员助理们立刻迎上去热心地为他讲解并确认了他就是刚刚一直问好的"神秘人"。而后一位朴素端庄的中年女人也走了进来，向辅导员介绍她是樊同学的母亲。她和大多数母亲一样，看着从小到大陪伴在自己身边的孩子要走出自己的视线来到大学，心中充满了焦虑和不安。从他母亲的口中，辅导员了解到这个学生有很多方面的小问题，如性格内向、粗心大意、不喜欢学习、没有时间概念等。他的家庭状况也不是很好，父母都是打工人。他们借钱供孩子上大学，只为这个孩子可以有出息，希望老师们可以照顾一下这个学生。而后他的母亲又骄傲地说起这个孩子在高中积极并及时阻止了一场校园霸凌事件，因此获得了高中班级唯一一张"党校毕业证"。听着樊同学母亲的娓娓道来，辅导员深切地体会到了这位母亲对孩子的担忧与盼望，也在日后的生活中更加注意了这个学生。与此同时，辅导员也发现他很优秀。

在他身上也曾发生过一些很有趣的故事。那天辅导员坐在办公室里，正在处理手中的文件，突然一个电话打了过来。接起电话，对方是一位老教授，他和辅导员说有一个学生和他拍桌子，希望辅导员可以解决一下并了解一下学生情况，如果学生品行不端且不配合则进行挂科处理。辅导员瞬间冷汗都流了下来。要知道，学生被挂科处理，将是一件影响非常大的事。于是辅导员赶忙了解了一下是哪个学生，听到是樊同学时，辅导员内心十分诧异，因为樊同学是班级干部，也是学生会的成员，怎么会做出这种事情呢？于是辅导员向老教授保证，樊同学是一个好学生，且是班级干部，其中一定存在误会，并恳请老教授千万不要给他挂科，他一定会对樊同学进行批评教育。而后辅导员立马联系樊同学询问了一下情况，原来是他在线上上课签到时由于手机卡顿问题，没有签到成功。他非常着急，于是在群里告诉老师，自己没有签到成功。正巧老教授那时在给其他班级上课，并没有看到手机消息，于是害怕影响学习成绩的他便又发了一句"老师，我没有签到上"，并配了一个哭泣的表情以此来反映自己的迫切心情。可就是这个哭泣的表情却酿成了大错。由于这个表情的汉译注解是拍桌子，所以老教授误以为是樊同学盛气凌人地在群里质问他"老师，我没有签到上（生气地拍桌了）！"老教授这才打电话向辅导员询问情况。经过简单的沟通，樊同学也明白了事情的严重性并主动向老教授承认了错误。最终，樊同学也还是在老教授的课堂上得到了"优"的成绩。

辅导员和樊同学的另一个故事发生在他毕业后。周末闲暇时，辅导员打开了手机中的游戏，发现樊同学也在线，于是邀请他一起玩。玩了一局之后，他便和辅导员说了很多话："老师，谢谢您对我在大学期间的照顾。因为您知道我家里的条件不是很好，所以您总是第一时间想着帮我申请助学金。因为担心我学习成绩不足以拿到奖学金，您也总是开导我并让我继续努力学习，不要浪费时间。还有很多生活中的小事，您总是无微不至地关照我，虽然您从来没说过，但是我都能感觉得到。您是一位好老师，面对我们不安稳的情绪时您总是耐心劝导，当我们需要帮助的时候您总能成为我们身后坚强的后盾。您总利用自己的时间来教导我们，指引我们。毫不夸张地说，您就是我们的榜样，有您这样的辅导员，我们很安心。谢谢您，董老师！"

第二十一节

轻拨流水年华，再沐师恩杏雨

孔同学，男。体育委员，原艺术学院学生会学习部助理，院青年思想引领中心主任和设计学辅导员助理。

刚刚高中毕业的他借用高中到大学的那段空档期去体验了人生的第一份工作——在水上乐园做一名工作人员。在东北，6 月到 7 月的太阳最是毒辣，经过两个多月的太阳暴晒，他整个人黑得不成样子。于是，当他新生报到时，他给辅导员的第一印象就是高高的、瘦瘦的和黑黑的，无论脸庞还是穿着，都散发着一股稚气。

2019 年 8 月，迎着盛夏的骄阳，在父母的陪同下，怀揣着对大学校园的憧憬，孔同学迈入了吉林工程技术师范学院的大门，开启了属于他的大学生活。在当晚的新生大会上，他见到了辅导员，也第一次了解到了辅导员这个职务。看着辅导员在讲台上做着自我介绍，孔同学的内心不免有些许波动："大学里面的老师真的好年轻啊！只是这样一位年轻的老师真的能做好这 200 多人的'班主任'吗？"但随着一点一滴地相处下来，他发现当初的他的想法太幼稚。

孔同学与辅导员的第一个故事，发生在他与辅导员的第一次交流。那时，他刚入学不久，在 2019 级主持人大赛中表现还算出色，并在才艺展示环节凭借一首 Beyond 的《海阔天空》拿下了比赛的一等奖——这也是他大学的首秀。紧接着，他竞选了学生会的职位后，便开始竞选班级干部。他是那种"表里不一"的人，无论什么事，从外表看上去，他都是一副自信满满、稳如泰山的模样，实际内心早已慌乱不堪了。他想要去竞选一个班干部的职位，又觉得自己各方面有些欠缺，怕自己选不上，但不竞选又觉得有些不甘心。他就这样纠结了好些日子，直到有一晚辅导员去男生宿舍查寝。当晚辅导员查完他们宿舍，他和舍友们送辅导员出去，走到门口时辅导员突然转过身面向他问道："班干部竞选你想竞选什么职位啊？"面对辅导员的询问，他当时只觉得大脑一片空白，一时间不知道该怎么回答，只能讪讪地笑着说："还没想好呢。"接下来辅导员的一句话让他既激动又意外，辅导员笑着说："我不管，反正你得参加竞选。"他激动的是辅导员对他的信任，以及对他个人能力的认可；意外的是辅导员不知道是从什么时候记住的他，因为在此之前，辅导员与他之间并没有过直接的接触。辅导员走后，这句话在他的脑海里不停地循环播放，就像是迷雾中的一缕阳光，把笼罩在他心头多日的阴霾一扫而空，也让他坚定了要竞选的想法。竞选当天，他又犯起了难。看着其他同学站在讲台上神采奕奕、侃侃而谈的英姿，再反观自己那由于过度紧张而早已潮湿的双手，他心里没了底气。当轮到他上台时，他居然又将事先准备好的发言稿落在了座位上。真正站在讲台上时,他环顾着那 20 多张面孔,有些张不开嘴。当他将目光转到辅导员脸上时,辅导员的一抹微笑算是给他打了一剂强心针。重拾信心的他没有了任何的顾虑和紧张,开始不紧不慢地按照自己的想法说出了他的竞选发言。虽然下来后他都不知道自己说了些什么,但是他清楚地知道,刚刚站在讲台上的他浑身一定散发着自信的光芒,而这光芒的来源就是站在班级后方的辅导员——也可以说是辅导员那带着期许的微笑。就这样,他成了班级的体育委员。时至今日,辅导员的那句话和那一抹微笑依然让他难以忘却。四年间,辅导员对他既有老师对学生的关怀与教导,也有朋友之间的帮助和理解。孔同学觉得和辅导员的相处让他感到非常放松。在辅导员的身上没有那些老教师的刻板,更多的是朋友之间相互平等,所以他很感谢辅导员一直以来对他的帮助和教导。

孔同学踏进这个全新的环境,心中充满了期待和紧张。在第一节专业课上,他遇见了战老师。战老师是一位中年女性,她有着过硬的专业知识和深厚的学术背景。她身材胖胖的,脸上总是一副和蔼可亲的笑容。初次见面,战老师给他们讲述了专业的前景和学习的重点,让孔同学对这个专业有了初步了解。

随着学习的深入,孔同学逐渐发现战老师不仅是一位优秀的学者,更是一位充满爱心和责任感的老师。她总是耐心地解答学生的疑问,无论他们提出什么问题,她都能用通俗易懂的语言给出详细的解答。在课堂上,她经常给他们分享自己的经验和见解,让他们对专业知识有了更加深入的理解。

在大学的学习生活中,孔同学遇到了许多困难和挑战。有时候,他会因为学习压力过大而感到焦虑。战老师总是耐心地听他倾诉,给他鼓励和支持。她告诉孔同学:"学习是一个过程,做设计是一个不断积累的过程,多做、多看、多积累,在提升美感的同时也要有扎实的手上功夫,这二者是缺一不可的,不要急于求成,要相信自己。"在她的鼓励和关怀下,他逐渐学会了如何调整自己的状态,如何去不断地提升自己,面对挑战。

除了关心学生的学习,战老师还注重培养他们的综合素质。她经常带着他们参加各种专业竞赛和社会实践,让他们在实践中锻炼自己的能力。她还教会他们如何独立思考、如何解决问题以及如何与人合作。这些经验和教训,让他在大学期间得到了很大的成长。

有一次,孔同学参加了全国性的专业竞赛。面对比赛命题,他脑海中一点思路都没有,能想到的都是他人已经做过的,完全没有自己的东西,仿佛之前学过的所有专业知识都在这一刻抛弃了他。他感到焦虑与迷茫,甚至几度想要放弃。但是,战老师一直在他身边鼓励他、支持他。她帮他重新梳理设计思路,给他提炼了许多的关键点,帮他找参考资料。她对他说:"设计并不是一味地闭门造车,无论是什么样的设计师,最初的开始都是借鉴,在借鉴的过程中去寻找自己的设计风格。每一位优秀的设计师都是踏着前人的步伐向前走，去探索设计新的未来。"战老师的话让他对自己的设计道路有了一个新的理解和认识。最终，孔同学和组员们在竞赛中取得了优异的成绩。这次经历让他深刻体会到了战老师的关心和教导的重要性。

　　大学四年，战老师的关心和教导一直伴随他成长。她用自己的知识和智慧照亮了他前行的路。唯一遗憾的是，他在毕业之际没能和战老师拍一张合影。他想对战老师说："谢谢您！感谢您对我的关心和支持，感谢您的教导和启迪，感谢您为我付出的心血和汗水。感谢您为我的青春岁月留下的美好回忆和宝贵财富，为我的人生增添了许多色彩！"

第二十二节

骊歌难挽青春之音，兰章难赋师生之情

汲同学，女，2019届学生，曾任艺术学院学生会主席。

大一刚入学的时候，汲同学怀着满腔的热情，对待任何事物都特别积极，因为她说自己如愿以偿地考上了梦想的专业。在艺术学院刚开始招聘学生会人员时，她非常积极主动地报名了。她说当时觉得自己没机会，因为性格内向，与老师和学长学姐之间不熟悉，也没有沟通和交流过，自己也没有什么一技之长。所以，她非常担心自己无法入选。但最后她还是非常幸运地进入了学生会的生活部。在那里她遇见了温和友爱的学长，他们细心、耐心地教她在生活部的一切工作事项，带着她在分团委值班，教她如何与老师沟通交流和做工作，这就有了后来她与苏老师的相识。她说苏老师给她的第一印象就是和蔼可亲，像妈妈一样平易近人，让她感受到距离学校1000多公里以外的家的亲切感。她说大二那年的学生会面临换新工作，原本她以为自己会一直在生活部，但是在偶然一次简单地帮苏老师做了一件事情并给往届毕业生邮了一个快递后，没想到苏老师就记住了她，并且把她介绍给了其他老师，让她从生活部进入了秘书处，以至于她在接下来的三年大学生活中过得非常丰富多彩，遇到了很多优秀的老师和同学，经历了很多自己从未遇到过的事情。都说大学是个小社会，进入大学就相当于半只脚迈入了社会。四年的大学经历不仅让她在学识上有了提升，也让她在为人处世和工作上有了一定的经验积累，对她来说受益匪浅。也因为苏老师对她的信任与帮助，她对大学生活充满无限的期望，是苏老师开启了她大学生活的第一扇窗。

第二个故事是她和另一位老师的。因为经常在分团委工作，所以她慢慢地与老师和同学们就熟络了起来。因为她做事非常认真、细心和负责，所以老师交给她的每项工作都能在保证质量的前提下按时完成。她说她非常清楚地记得，那是在2021年大二下学期的时候，有一个全国大学生创业的比赛，学校会组织学生成立团队做大创，那时唯一一个主动召集她们做"大创"的老师，就是郑老师。她说郑老师是一个非常有魅力、有气质的女老师，是因为郑老师的出现，在她的大学生活中才出现了更多更丰富的实践经历。至今记忆犹新，并且非常怀念那个夏天。那一次她们团队运用自己所学的专业与一个旅游景区合作，给那里做文创产品并参与小朋友的美育活动。在去之前，她们的小团队也做了很多准备工作，忙碌了将近一个月的时间，做手工、做设计封面、打印、做团队服装、团队Logo等。那段时间她们跟几乎要住在工作室了一样，早上一睁眼就去，晚上关寝之前赶忙回寝室。她们忙碌着，累并快乐着，非常充实。她说这是她大学最难忘的时光。到了7月，她们的团队加上几位老师一同去到了神鹿

峰景区，进行了这场实践活动。团队中的所有人都相处得非常融洽，都在为这件事全身心地付出着，没有一个人抱怨。活动结束后，他们在回去的大巴车上说着话，唱着歌，好像那段时间的疲惫感一瞬间都没有了。她最后说，因为郑老师带领、指导、帮助和提供的机会，她的大学生活添加了更加丰富多彩的一面，是郑老师为她的大学生活打开了第二扇窗。

汲同学还遇到一位老师，也就是辅导员。她觉得辅导员是一位帅气高大、智慧与情商并存的男老师。他们这届是辅导员的第一届学生，辅导员与他们是一同进入吉林工师这所学校的。汲同学说是辅导员见证了他们在大学里一路的成长，与他们共同经历了大学 4 年生活的苦与甜。

"虽然您也是第一次当辅导员老师，是一位非常年轻的男老师，但是却为学生操碎了心。所以您就像我们在学校的家长，不管是多么调皮捣蛋的学生，您都没有放弃过。老师，大学能遇到您是我的幸运，感谢您为我们做的这一切。老师，学生真诚地向您道一声：'老师，您辛苦了！谢谢您！'"

第二十三节
聚浪于微澜，求索于当下

鄢同学，男。丰富多彩的大学生活既让他穿梭于学生会和社团之间，收获宝贵的友谊，学会团队合作与时间管理，又让他学会了如何面对困难与压力。这些经历让他更加成熟，也使其更加坚定地走好当下之路。

大学生活如此美丽，憧憬的大学生活在金黄的 9 月开始了。懵懂的岁月已悄然逝去。

刚进大一，这是一段奔跑的岁月。它不再像高中那样三点一线了，课余时间要比上课时间多，他为了赶走无聊，就不得不到处奔跑，参加学生会、社团，来丰富大学生活。奔跑中会接触更多的人，接触原本没有接触过的东西，还可以接触社会。因此在这个奔跑的岁月里，他也在不断地成长，不断地丰富自己！他向往自由自在的生活，他渴望做自己想要做的一切。

大学伊始，社团的招新活动已开展得如火如荼。面对各种各样的社团，他也充满热情和期待。填了两个向往已久的社团招新表格，接下来就是一轮接着一轮的面试。幸运的是，他都进了。在社团工作的日子，不能说是很轻松的，因为所选部门的原因，他一直都很忙碌，学习之余的时间几乎都这样被瓜分了。但是，在社团里，和别人一起工作的日子是快乐满足的，他懂得了什么是团结合作，学会了怎样去和工作伙伴相处，在能力上也得到了锻炼。就这样，他和别人一起认真努力地工作着，有付出，也有收获。这也让他更加坚信一句话："一朵孤芳自赏的花只是美丽，一片相互依恃着怒放的锦绣才是灿烂。"

从一开始，他就被辅导员赏识，背上了班长、书记等一堆职务，还加了几个社团。他很会处理工作上的内容。不过他也遇到了问题，不能兼顾好每一个角色。老师发现了他的问题，就约谈了他，很直接地指出了他身上的问题，并且帮助他分析他的问题，引导他如何面对并处理自身问题。和老师简单交谈后，他学会了放弃，学会了选择自己该做的事。辅导员对他的批评，是一种警醒，让他成长，让他在处理问题时更加坚决。对于那些华而不实的东西，他学会了放弃；对不正确的事，他直接选择了拒绝。

进入学生会是他的选择。在学生会中，他认识了许多学长学姐、兄弟姐妹，学习了许多理论知识，也读懂了人情世故。记得在大二的时候，他所在的生活部接到了一项艰苦的任务，统计整理全院所有同学的宿舍信息。他在的生活部当时只有 8 个人，没有任何数据的他们只能通过手抄再上传的方式去做，但还是克服了重重困难，最终只用三天的时间就完成了这项看似不可能完成的任务。思绪回到现在，已经大三的他依然奋斗在这个地方，为同学的幸福、学校的发展奉献出他的一点力量。

看着身边曾经一起奋斗过的战友一个个地离开，更加坚定了他奋斗下去的决心。这将不是他一个人的梦想，而是所有像他一样奋斗在学生工作岗位上的学生干部的梦想。作为学生会成员的他深知自己所肩负的使命与责任，清楚自己的理想是什么，也有信心去做好每一项工作，完成自己的梦想，为了最美好的明天奋斗！

每每有放弃的想法时，辅导员的话就会回响在他耳边。在第一次开班会的时候辅导员就苦口婆心地说："同学们，大学跟高中不一样，大学需要更自立，需要自学，无论做什么事都不会有老师逼你，所以你成为什么人取决于是否坚持！"所以每次迷茫时他就选择了先坚持下去。辅导员是一个非常和蔼可亲的老师。每次同学遇到问题就去问他，他都会不厌其烦地回答。他做事认真负责，行事沉稳干练；他仿佛一直都陪着同学们。

时间在指缝间流逝，转眼鄞同学自己就成了学长，又迎来了新的学弟学妹。他们中的许多也会成为学生干部，担起新的责任。但我们都是平凡的人，我们要学习、要做作业、要考试。我们也都是不平凡的人，在做好学生的基础上，还要做一个合格的干部。做干部意味着肩扛责任，这责任是沉重的，却又能步伐更稳，让路途更有意义。感谢学生干部身份给了众多学生一段无悔的青春经历。

第三章

就业

　　无论时代如何发展，就业始终是社会发展的"晴雨表"和重要议题。它不仅关系到每个人的生计和梦想，更直接影响着国家的经济发展与社会稳定。大学生作为国家未来的栋梁之材，他们的就业不仅是谋生的手段，更是实现自我价值、追求职业成就的舞台。对他们而言，找到一份合适的工作意味着能够将多年积累的知识和能力转化为社会价值，实现个人与社会的双赢。因此，就业问题尤为关键，它牵动着千家万户的心，影响着国家的创新动力与发展潜力。

　　谈及就业的重要性，不禁联想到孔子在《论语》中的箴言："知之者不如好之者，好之者不如乐之者。"这不仅是对知识追求的描述，同样适用于对工作的热爱。

在当前经济全球化和信息化的背景下，大学生面临的就业形势愈加复杂多变。技术革新和产业升级带来的职业结构调整对年轻人的就业选择提出了更高的要求。同时，大学生的就业观念、专业匹配度、实践经验等问题也日益凸显，他们需要不断更新自己的知识和技能以适应新的工作环境。因此，探讨就业，不仅是为了解决现实问题，更是为了引导和激励年轻一代正确面对挑战，积极规划未来。

通过分享真实的就业故事，希望读者能够从中汲取经验，启发思考，理解大学生就业的复杂性和重要性，为自己的就业之路增添信心和智慧。愿每一位翻开此书的读者，无论是即将步入职场的大学生，还是关注就业问题的社会各界人士，都能在字里行间感受到就业的分量，理解就业的意义，并在未来的职场旅程中，以坚定的步伐和不懈的努力，书写属于自己的辉煌篇章，也为社会增添更多的活力。

第一节

忆惕惕之履，踵往后之事

郭同学，认真，踏实肯干，与同学关系良好，乐于帮助同学；毕业后做过家教、辅导班老师，在服装公司从导购做到了店长，现在与朋友在太原开了一家服装专营店。

郭同学在接到大学生村干部考试落榜的通知后，决定返回太原，寻找稳定的职业发展。他进行了租房、整理行李和简历的准备工作，并在太原人才市场求职。经过面试，他成功入职某公司，担任陈列专员一职。然而，由于陈列部门尚未成立，他被暂时安排在直营店铺学习商品和店铺运营流程。然而，经过了三个月的熟悉过程后，公司未能给他明确的职业规划，他遂决定离职。

此后，郭同学因驾照考试返回平遥老家，并顺利取得驾照。回到太原后，他再次投身于求职市场，希望能在服装行业找到稳定的工作。然而，由于时机不佳和岗位稀缺，他未能如愿。在面临困境时，他选择了一家高级西装定制公司，从业务员岗位做起，希望能够积累经验和寻找机会。然而，由于公司资金问题，他再次失业。

元旦将至，郭同学在太原城中村的小单间里陷入了迷茫和失落。他意识到，为了维持生计和满足家庭期望，他必须寻找一份稳定且有收入的工作。因此，他选择了在私立学校担任班级管理老师，这份工作让他感受到了充实和满足。他在学校中结识了一位特别的校长，她的坚韧和奋斗精神深深地影响了他。

在学校的工作过程中，郭同学重新燃起了对服装行业的热情，并产生了创业的想法。他计划开设自己的服装店，实现自主创业。在顺利完成高二理科班的教学任务后，他离开了学校，加入了某公司，开始了他的第四份工作。他为自己设定了从导购到店长的职业规划，希望通过学习店铺经营和管理知识，为将来创业打下坚实基础。

最终，郭同学与同事合作接手了一个店铺，迈出了创业的第一步。到现在，这家店铺已经经营了一年多。经营过程中也遇到了大大小小的问题。遇见什么问题，他就解决什么问题，解决问题之后，就能学习到不同的知识，也锻炼了自己的能力。虽然现在的他成长了不少，但还有很多地方需要去学习，有很多的经历需要去体验，有很多的机会需要去尝试。

这是郭同学对自己毕业三年多的一个阶段总结。在我的提议下，他通过静心地去回想自己毕业后的工作经历，突然发现，这样总结，能让自己看见平时看不见的东西，明白奋斗的目标。

第二节
常怀热忱奔日月，亦如孤鸿逸云间

冷同学，男，江苏人，毕业后从独立店长升为区域负责人，管理昆山十五家门店，保持公司销售前三的排名并不断打破公司各项纪录。

不管毕业多少年，他依旧记得如何考上了他的那所大学，如何去的那所大学，如何遇到了他的同学和老师。

大四上学期的冷同学依旧浑浑噩噩，整日忙于课外兼职。上学期结束后，他回家实习，找到无锡的一份工作，开始正式的实习工作。他从管培生做起，之后独立带店，并带领这家店从之前的落后店铺变成能够支撑区域销售的门店。

走向社会的他，至少没有大学时的迷茫，毕竟无尽的压力逼迫着他成长。从连续的长时间白班驻店店长，到独立负责店铺；从铺货到开业，再到正常营业，以及后来的区域管理，他都相信自己没有问题。他认为自己就是创造纪录的人。他的确也做到了，做到了让别人难以超越的开业纪录，而且还是连续单日销售的桂冠。他还在继续着自己的行程，虽然有些负重，但是步履不停。

大学时光里的社会实践不断地磨炼着他。要是你问以前的他，大学里什么事情对他的成长有利，他百分之百会回答"兼职"二字。

冷同学在大学做的最后一份兼职是肯德基餐厅的工作。他依稀记得他是跟同学一起去的，那时还是春天。春天总是美好的，让人有新生之感。他去的时候，餐厅培训的是如何制作各种产品——就是在保温柜后面制作各种汉堡。一开始的他总是有点慢手慢脚，跟不上餐厅的节奏。到底是黑吉辽区域的王牌餐厅，每天的客流量巨大，工作也没有多少闲着的时候，那时候上个厕所都是个难得的休息。后来的他开始独当一面，不再需要别人的帮助，一个人有时候便可以顶起整个制作岗，工作也能自己分配得很好，不会因为突发情况而手忙脚乱。

你可能会意外，兼职这些枯燥的工作有什么可以帮助成长的？那时候的他会笑着对你说，仔细在工作中去学习才是最大的成长。他不会简简单单地只去学习如何制作汉堡，他会研究如何提升工作效率，如何利用好各种工作的间隙时间去做更多的事情，比如趁着管理人员工作的时候去观察管理人员是如何安排工作的，以便于进行自己的工作的；在等烙东西的时间去提取之后需要用的原料；观察经理对于各项标准的执行情况的考察；甚至有时候当店经理批评副经理和组长的时候，他都会凑上去细细听着。因为他知道他不会永远只是做一份兼职，也不能只做简单的工作。当有一天店经理问他愿不愿意当组长的时候，他拒绝了，但是他知道，他可以试着自己出去闯一闯了。

不过细想他已经毕业两年有余，如果你现在去问他，大学里什么对你影响最大，可能他并不会回答你是兼职了。那是什么呢？应该是张老师对他的影响吧。张老师是跟他们这一届一起进学校的。他还记得张老师代的第一节课是院长的服装色彩课。当时要求课堂上画色彩的明度纯度渐变，张老师严肃得像块黑布。后来经过慢慢地接触，他才发现张老师是个很有趣的人。在社会中接触的人越多，他就越发羡慕张老师。年轻的他们在闯荡中浑浑噩噩不知所踪，走的路多了，反而迷失了方向。想走的路太多，但是疲惫的身体抑或是疲惫的心灵，便让当初的豪言壮语化作烟灰缸中的烟蒂和日渐庞大的肚腩。

冷同学还记得张老师后来创立了一个皮雕社，但是他没有参加，现在回想起来感到遗憾和后悔。他看到那时候的老师和同学们为了爱好而不追求名利，去做自己想要的事情，为之努力，为之付出。这里环境虽然简陋，道具虽然简单，但就像《陋室铭》里写的："山不在高，有仙则名；水不在深，有龙则灵。"这中间也真的是"谈笑有鸿儒，往来无白丁"。后来学院给皮雕社提供了不少帮助，他们也产出了不少成果，这一切跟他们那群热爱皮雕的人是分不开的。被工作中的指标冲蚀的他每每想到张老师和那群有着自己爱好并为之努力的人，这一切应该就像新鲜的氧气，让他为之振奋吧！至少他还记得自己的爱好，生活还在继续，还会美好，他也要学会做自己，做自己爱做的事情。

四年里，老师不仅教给他专业知识，更在无形之中教给他年轻人应该有的朝气和自信，还有那对生活和自我的热爱以及对自由的向往。这些东西让他就像阳光一样明媚，就像树木一样富有生机。今后他将在自己的人生旅途上继续努力。

第三节
行躬于实而后践，梦绘于心而后搏

路同学，在校期间学习优秀，在专业上很有自己的想法。在校期间，他多次参加各级各类比赛，并获得奖项。毕业后，他在上海从事服装设计工作。

弹指一挥间，大学已经成为过去时。曾经的他觉得大学是那么漫长，现在看来，大学时光真的很让人怀念。现在他工作已经两年了（大四上学期已开始实习），作为2012级中的优等生，他有很多经验想和学弟学妹们分享。

路同学觉得自己很幸运，能来到吉林工程技术师范学院学习。因为高中时文化课成绩不是很理想，他担心不能以分数顺利升学，所以选择了艺考这条路。经过3个月的努力拼搏，以及外考了20个学校之后，他终于被吉林工程技术师范学院录取，圆了大学梦。

路同学心中充满着期待来到了吉林工师，选择了我校最好的专业：服装设计与工程。对于他来说，感觉一切都刚刚好。他很喜欢做服装设计，对于学校的师资力量，他可以很骄傲地说："如果没有老师们对我的辛勤栽培，我不会有今天的优秀成绩。"大一和大二是他最努力的两年。除了每天的学习和一些校外的活动，兼职打工成为他大学生活的另一部分。通过兼职，他积攒了很多学校学不到的经验，也有很多心得体会。大三的时候，路同学开始慢慢接触服装设计大赛，甚至达到了痴迷的程度。那时他每天都会在网上搜寻各种各样的比赛，小到学校级赛事，大到中国服装设计师协会举办的权威赛事，他都抱着尝试的心态去报名。起初他也会因此受挫，但还是在尝试换不同的设计风格，最后渐入佳境，终于找到了适合自己的风格。回首大三、大四那两年，他入围了大大小小五六个赛事，对于他现在的工作起到了至关重要的作用。他参加比赛，认识了很多来自不同地方、不同学校的大神，和他们交流并分享经验体会，这也让他学习到很多在学校学不到的东西。他个人认为比赛并不是绝对的，只是在这样的过程中，自己会成长得更快。

事实证明，"纸上得来终觉浅"，实践和经验才是最重要的。有时候懂得多，不如做得多。在大四上学期末，路同学来到上海实习。这里机会很多，还有很多文化历史等待你去挖掘和发现。在上海的两年让他学到了很多，职场教会他很多做人的道理。他还记得毕业前老师给他的建议和忠告，直到步入社会他才慢慢领悟其中真意。他深切感受到，很多事只有自己经历了才能深刻明白。他常常感觉在学校的那几年学到的理论知识，在社会上只用到了一半，其他的都是靠自己慢慢摸索出来的。他一直觉得自己要比同届的其他人更努力，行动也比其他学生早一步，所以他一直能知道自己想要什么。这并不是说他现在会比其他人更优秀，只是人生就怕你不知道自己想要什么，只要目标清晰，吃再多的苦也是值得的。

有时路同学也会迷茫，也会想放弃。回头看这几年，他感觉挺心酸的。但他会一直调整自己，也会和父母、朋友倾诉自己的难处，终于撑了下来。大学毕业来上海的工师学子挺多的，但是现在走了的也很多，能够坚持下来的很少。衷心为这些可以为梦想拼搏和坚持的孩子们感到高兴。

转眼在上海已经快两年了，下一步路同学已经知道想要做什么了——离开上海，换一个城市继续成长。这几年他走了很多地方，唯独杭州让他感觉最舒心，生活节奏也刚刚好。路同学和母亲去过几次杭州，他一直想在杭州开一家店，做他自己的设计，开创属于自己的品牌。母亲一直是他的榜样。所以路同学希望再过两年，会凭借自身的努力，营造属于他自己的幸福。

第四节
韶光未逝修学问，芳华正茂勤笃行

胥同学，男。上学期间他刻苦努力，有专业业务知识，头脑灵活，做事认真果断，有较强的组织能力和领导能力。

教师节，学生送来了众多的节日祝福，哪怕只有一段话，心里还是很欣慰的。

天色已晚，不知道他们是否已下班。毕业许久，不知道他们是否还如学生般青春灿烂。每到这时，辅导员都会想到曾经的学生，想起他们。其中有这么一个来自河北邢台的小伙子——胥同学。他身高不高，肤色黝黑，还有些消瘦。从太行山中走出来的孩子，料想小时候经常去干农活吧。

2012年的夏天，新生入学，他给辅导员留下了很深的印象。独自一个人的他，拉着一个1米多高的行李箱，背着深色的双肩包。行李箱看样子很重，双肩包也把他的身子压得弯弯的。他那"苍老"的面容顶着浓密的油头，仿佛几天没睡好一样，一点也不像其他与他同龄的学生那样光鲜亮丽，可谓是有些乡村气息。

"老师，请问我们在哪里报到？"他问道。

辅导员告诉了他大致的流程。记得当时有位学姐去帮助他办理入学，见他一人索性就帮他铺床，整理被褥。也许是站了21小时车程来学校累的吧，也许这是第一次陌生人为他铺床吧，朴实的他瞬间就红了脸，眼睛里轻轻地泛着一点点的泪花，显得还有些紧张。可爱的是他后来竟然把为新生铺床的这段插曲，延续给了他的学弟学妹们。他说，这是他在陌生的城市感受到的第一丝温暖，他要把这份温暖传承下去——确实，他也那样做了。

随着时间的推移，长相不出众的他，在行动上得到了辅导员和其他老师与学生的认可。他被推荐为服装设计与工程专业1244班的班长，初当大学班长的他，有点不知所措，心里总是想着怎样才能把班级管好，怎样才能让大家进步。于是，他时常组织一些小活动，想得到同学们的认可。可开始还好，次数多了，同学们开始有了不同的意见，因为大家已成年，都是有自己的想法与空间的。他开始疑惑，开始矛盾，也开始怀疑他是对是错。而在此时，辅导员再次注意到了他。辅导员让他帮做一些事情，教他方式方法。慢慢地，他的小脑袋开始转动了起来，做事不再像之前那样激进，处理关系的方式也慢慢趋于理性、冷静。

他虽相貌平平，但是思维却很活跃。他搞过婚庆，做过小主持人，还跟辅导员学过几天摄影。也许是机缘巧合，他还当过几天群演，做过地方卫视的电视嘉宾。由此，受到启发的他开始撺掇几个小伙伴去拍大学生的生活"电影"。可惜的是，他因为实习与做毕业设计时间紧张，所以没有办法去静下心来做这件事，"电影"未拍完，这成为他大学的一个遗憾。不过还好，实习过后，辅导员在他的毕业典礼中，看到了他的进步与成长。他走到辅导员面前，道了一声"老师辛苦了"，并紧紧地拥抱了辅导员。当时，辅导员再次清楚地看到了他的泪花，就如同他开学时那样。不同的是，这次泪花是幸运的，是开心的——因为这是成长的泪花。

毕业后，胥同学来到上海，接受了上海启尚贸易有限公司的面试。面试的过程挺轻松，结果也是可观的，他顺利通过了。他内心偷偷地兴奋着，但最终拒绝了这一份工作，因为他感受到下一个机会会更好。就这样走走停停，他拒绝着工作的同时，也有工作拒绝着他。

在来到上海的第二个星期，胥同学开始有危机感——因为他身上没钱了，而他不能再向父母伸手。他已经毕业了，长大了。他开始疯狂地找工作，因为再找不到自己就无法生活了。而生活此刻跟他开起了玩笑，仿佛要将他前段时间的志得意满全都打散一般，所有工作岗位都拒绝着他。上天仿佛在对他说："不要总是不知足，要懂得珍惜，因为错过也就错过了。"就在他绝望得想要离开上海，感觉快要撑不下去时，好在最终上天还是没有抛弃他——2016年7月6日，他被幸运砸中了——他来到了上海双实，一家国际贸易公司。他想这份工作是会让他兴奋甚至是激动的。他每天都在看英文图纸与资料，翻译往来邮件以及做英文版的版面与设计。大学里天天害怕英语挂科的他，私下里天天被辅导员催促着学习英文的他，没想到最终还是没能逃得了现实生活的压力。

因为不懂，胥同学一开始总是遭到同事白眼；因为不专业，他每次都是做了重做，画了重画。夜晚躺下之前他都要翻一翻记得密密麻麻的笔记本，晨起刚睁眼他就会把上班能用到的英文提前拿出来看一看。他努力着，因为他体会到了工作的来之不易。就像某位老师说的那样："生活给了你一次机会，同时你也要给自己一次机会。"

如今，胥同学已经离开了上海，来到了北京，来到这个离家更近的地方。回想着在上海的短短半年里他的坚强与成长，他在北京也没有放弃努力，努力到哪怕已经下班，却还是坐在电脑前继续工作与学习。他想，他会将这种心态保持下去。

第五节

落其实而笃于信，寡其言而敏于行

权同学，在校期间，学习刻苦努力。毕业后，他在北京一直从事销售方面的工作，踏实肯干的他得到了公司的重用。

权同学是大山里出来的孩子，祖祖辈辈都是黄土地出身。他质朴，吃苦耐劳，从来是做的比说的多。上大学时，他的第一笔收入来自勤工俭学——打扫阶梯教室，每月有 100 元。他也和几个舍友出去做过兼职，舍友们嫌太累、钱太少，都只做了一两次就不干了，只有他坚持了下来。他做过市场调研，沿街问别人的电话号码，也做过摆台推介，受尽了白眼和拒绝。令他印象深刻的是为九阳专卖店做摆台的工作。当时，别的推介人员只是把有意向的顾客带到楼门口，给大概指个九阳专卖店的方向，他却每次都要把顾客带到专卖店里面让接待的去介绍产品。这样下来，他的传单发放不够，没少挨店长的批评。但是一段时间下来，他带去的顾客有一多半都会购买九阳产品。

各种销售工作让他认识到各色性格的人，他意识到社会上的人和学校里的人是完全不同的。此外，不同公司对不同产品的销售操作方式也大不同。

毕业之后，他过了一段苦日子，在不适合的岗位上蹉跎了一段时光。但好在他头脑还算灵活，及时止损，并抓住机会，进入了中粮集团，成了一个小队员。依靠大学时做销售兼职的经验，他获得了重要客户的良好评价，超额完成了销售任务，因此半年内从一个队员跳级为高级业务，负责中粮可口可乐银川直销，工资待遇超过当时的区域主任。

三年过后，由于企业内部问题，他辞掉了可口可乐的工作。2012 年，也就是他辞掉中粮工作的那年，他以前的一个客户把他推荐到草原阿妈公司。他从公司配的一台面包车、新区域和零客户开始，早出晚归跑市场，一年下来跑了三百家客户，里程表增加了三万公里。这三百家客户是他扎根发芽的客户，到了今天已发展为六百多家。他对那三百家老客户始终抱着感恩。他没有背景，没有家资，别人给他平台，他就有理由去忠诚。他依靠着落其实而笃于信的精神赢得了公司管理者的支持，从 21 位同期员工中脱颖而出。而他寡其言而敏于行的工作作风帮助他在销售工作中稳扎稳打，最终实现了自己最初的梦想。

第四章
职业规划

  "凡事预则立，不预则废。"对于踌躇满志的大学生而言，职业规划不仅是为未来勾画的一张蓝图，更是自我价值实现与梦想追求的重要起点。

  在当今这个知识爆炸、竞争激烈的时代，一个科学合理的职业规划更显得至关重要。据《中国高等教育质量报告》显示，大学生就业率与他们的职业规划意识正相关，那些早做规划并持之以恒实践的学生，其就业质量和满意度普遍高于其他学生。这充分说明了职业规划的重要性。

  此外，心理学家马斯洛的需求层次理论亦指出，个体在满足了基本生理需求和安全需求后，会追求尊重需求和自我实现的需求。职业规划正是通往自我实现的关键一步。每位大学生都应该为自己的职业发展描绘出一幅清晰图景，从而在日后的职场竞争中占据有利位置。

认识自我是职业规划的第一步。每个人都有自己的兴趣、特长和价值观，这些因素都会影响到职业的选择和发展。因此，我们需要通过各种方式来了解自己，包括参加各种活动、进行性格测试、咨询专业人士等。只有深入了解自己，才能做出最适合自己的职业规划。

明确目标是制定职业规划的关键。我们需要根据自己的兴趣、特长和市场需求来确定自己的职业目标。同时，我们还需要考虑自己的长远发展，制定具有挑战性和可实现性的目标。有了明确的目标，我们才能更好地规划自己的学习和实践活动。

科学规划是实现职业目标的重要保障。我们需要根据自己的目标和实际情况来制订详细的学习计划和实践活动方案。同时，我们还需要不断地评估和调整自己的规划，以适应不断变化的市场需求和个人发展需要。只有这样，我们才能在激烈的职场竞争中立于不败之地。

有了科学合理的职业规划之后，将其付诸实施就显得尤为重要了。

首先，大学生需要根据职业目标制订具体的行动计划。这包括确定学习课程、参加实习或兼职工作、加入社团组织等具体选择。同时，也要考虑到个人的兴趣和能力，选择适合自己的方式来实现目标。

其次，大学生需要不断地提升自己的专业素养和技能水平。这不仅包括专业知识的学习，还包括实际工作经验的积累。可以通过参加各类培训、讲座、比赛等活动来提高自己的能力和竞争力。此外，建立良好的人际关系也是实现职业目标的重要手段之一。通过与同学、老师、校友等建立联系与交流，可以获取更多的信息和机会，为自己的职业发展打下坚实的基础。

最后，大学生还需要保持积极的心态和持续的努力。职业规划是一个长期的过程，需要不断地调整和完善。在这个过程中，可能会遇到各种困难和挑战，但只要坚持不懈地努力下去，就一定能够实现自己的职业目标。

因此，本章节旨在呈现职业规划的重要性，同时帮助大家认识自我、明确目标、科学规划。

第一节
居诸不息念师恩，奋楫踔事效祖国

熊同学，男。他貌似是个文文静静的内向男孩子，事实上他是个性格开朗的外向男孩。他调皮，有的时候比较贪玩，但也粗中有细。在军训前的班会上，因为他的调皮，辅导员第一眼就把他列为关注对象。他在班级里人缘很好，专业课老师也经常表扬他。他学习积极，不懂就问，经常是第一个到教室的，早读、晚自习也从不缺席。在工作上，他在配合老师的同时也不忘为同学着想，有些问题看得很细，干活也非常细腻。在老师有工作需要时他总是积极完成。在思想上，他积极上进，积极向党组织靠拢，严格要求自己，有良好的道德修养。生活中他常常给老师同学们带来欢乐，平易近人，与同学们相处融洽。他常常说"在家靠父母，出门靠朋友"，也身体力行地全力帮助同学。

在制图基础课上，他遇到了主讲教师战老师。他说，他第一次见到这么和蔼可亲且温柔的老师。在课上的时候，战老师提问"制图基础是什么"，懵懂的他把制图基础理解成了制图的基础，把它当作学习基础素描了。当战老师提问时，他果断站起来把自己心中的想法说了出来。战老师没有直接否定他，只是又叫了一位同学回答。听了那位同学的叙述，他懂了但又没懂。于是，他又提出了他不懂的，和一些自己总结的观点，战老师都为他一一解答。到了上手绘画的环节，他脑子里想了非常多，但是一上手就感觉卡在那里，感觉脑子与手在干架。老师看到他的困境后给了他好多建议。熊同学和辅导员说："战老师非常和蔼可亲、温柔耐心，就算问了她好多问题，战老师都会很耐心地一一解答。"他听了老师的建议后也是如鱼得水，在做作业的时候不会再感觉阻塞。在交作业的时候，老师也表扬了他的进步。虽然做得不是很突出，但是老师给予了他很大的鼓励和帮助，他坚信运用老师教给他的方法一定会琢磨出独属于自己的绘画风格。

另一位让熊同学印象深刻的老师是 Photoshop 课的授课老师孙老师。在上课之初，熊同学对 Photoshop 一窍不通，与班里的同学有很大差距。孙老师在给同学们一步一步地演示了一遍操作之后，熊同学只能看着一大堆英文字母发蒙。熊同学反复地提问，孙老师总会非常耐心地重新为他讲解一遍。孙老师也对熊同学说："有什么不会的及时问老师，老师会重新为你讲一遍。"一次又一次，在孙老师的教导下，熊同学终于掌握了 Photoshop 的操作。他非常感谢孙老师不厌其烦地教导他，孙老师是他 Photoshop 软件的启蒙老师。

教设计素描的胡老师也是熊同学很喜欢的一位老师。胡老师不仅威猛帅气而且非常绅士。熊同学说，一次他在楼道里碰到了胡老师，当时他家里出了一些状况他正闷闷不乐，胡老师察觉到了熊同学的情绪，就问熊同学发生了什么事情。那天，胡老师问了好多，熊同学和胡老师也说了好多。最后，胡老师让熊同学有空的时候去他办公室找他聊天。熊同学说，那时候他心里是很暖的。

　　熊同学提到的最后一个人是辅导员。在辅导员眼中，熊同学是一个阳光积极的大男孩。而在熊同学眼中，辅导员则像是一位可以倾诉烦恼的大家长。有一次节假日，熊同学没有回家，而是去烧烤店做兼职。在一次送菜过程中，他不小心把要上的菜撒到了地上，弄脏了顾客的鞋子。由于道歉态度诚恳，顾客没有为难他，但令熊同学没有想到的是，店内经理借这件事扣光了他当天的工资。熊同学将这件事告诉了辅导员。他说，他从这件事中体会到了父母挣钱不易。在熊同学报名参军这件事上，辅导员也给了他很多帮助。其实，熊同学一开始对于参军是有一些顾虑的。熊同学有一颗参军报国之心，但又放不下家中年迈的姥姥、姥爷，以及年幼的弟弟。那天，辅导员通过电话和熊同学聊了很多。熊同学在部队期间也和辅导员通过电话聊起在那儿的生活，比如苦不苦，累不累，身体吃不吃得消。熊同学和辅导员说，虽然有点累，但是难不倒他。过年他也会给辅导员打来电话，拜年、聊聊家常。在除夕夜的时候，熊同学打来电话，他和辅导员说："老师，我真的很感谢您。前段时间我父母还说要感谢您。我家里条件不好，父母懂的也少。前几天他们看到我的变化——从一个调皮淘气的小男孩成长为一个能独当一面的大男孩时，都很欣慰。大学能遇到您是我的幸运。老师，您辛苦了！"

第二节

以学习为橹，划时代之浪

詹同学，男。在校期间，他曾担任班级副班长、学习委员，多次获得校奖学金。他对待学习认真，在校期间参加各级各类大赛，对服装结构和工艺产生兴趣。毕业后，他重点研究服装结构设计和工艺设计，就职于吉林荣发服装集团，拜师荣发集团男装高端品牌技术总监刘潮永先生，学习量体，并到车间学习工艺。2016年至今，他就职于北京汉狮服装集团，有幸认识了服装圈内知名的设计师和版师。他后来又拜中国男装教父张瑞广为师，主要学习男装结构制板和工业制板，其中最让其兴奋的是和意大利手工西服大师学习手工锁眼和手工西服工艺。在参加"铜牛杯"大赛期间，他得到中国十佳设计师武学伟老师的宝贵意见。此外，他还在北京向汉狮子服装集团和汉狮女装部技术总监黄国荣学习女装结构工艺，并和北京知名女装版师金立老师学习立裁。

人这辈子能把一件事干好就非常优秀了。成功的大佬都有一颗永不放弃的心，最终才能站在人生的辉煌山峰上。

现在单打独斗的时代已经过去，大家需要合作才能把一件事完成。你和谁在一起决定了你的高度、思路甚至思想。思路决定出路，一个正确的思路可以让你快速成长起来。因此詹同学从入学起就积极寻找自己努力的方向。

从大环境看，詹同学认为这几年服装市场是相当的不景气。大批服装厂倒闭，从表面看，是库存多，生产过剩。但从另一个角度来说，这暴露了服装行业的通病——服装缺乏个性化，没有特点，设计工艺结构毫无特点。我们知道，现在服装的主流消费群体是"90后"，他们大多数有很高的学历，对审美有很高的要求，个性十足。所以，服装的个性化定制，就比较受广大消费人群的喜爱。尤其是北京、上海、广州的服装定制发展最快。定制没有库存，按需生产——我觉得这是服装发展的一个趋势。

想做好定制不是一件容易的事。定制要求四个高——设计、结构、工艺和面料质量都要高。定制需要匠心，所以任重而道远。服装和科技的结合也是未来的一个趋势，未来的服装设计师不仅要懂设计，还要懂科技与工程。

詹同学很庆幸能选择自己喜欢的专业。经过毕业这两年，更应该珍惜大学系统学习服装专业知识的机会。学校开设的每一门课都是将来踏入社会、进入公司的钥匙。詹同学把服装行业大致分为三大主要板块：技术板块、设计板块和市场板块。未来服装行业的核心竞争就是技术+产品+服务。他清楚地记得，大三的时候老师问大家毕业以后往哪个方向发展，他说往技术上。其实詹同学心里明白这也许是他五年内的一个目标，因为好的产品一定是技术和设计的完美结合。

经过学校的引荐，詹同学来到吉林荣发服装服饰有限公司。入职三个月时，他被安排到服装技术部负责量体。量体应该是服装技术部门最基础也是最重要的一个环节。在这里，他初步学会了怎么量体。了解男人体和女人体的不同体型特征，怎么归号以及怎么加放尺寸。后来厂长李亚红又把他调到车间学习工装工艺，了解了服装工业化的流程——顾客下单、裁段裁剪、出纸样、车间缝制以及后道整理。经过大概一年的时间，他了解了服装工艺。后来他又被调到样板科当版师助理。在这里他认识了刘老师。刘老师是大杨创世设计总监，原阿玛尼设计总监亿万诺·凯特琳和意大利西服之父路易吉·布劳迪的学生刘潮永老师。詹同学自己也是第一次接触西服，被男装的工艺和板型所折服。在一次偶然的机会下，他们成为师徒，刘老师教会了詹同学许多技术和做人的道理。

詹同学相信，服装行业依然处于发展的上升期，未来也需要更优秀、更全面的服装人才。

第三节
晏忆共事之年，摒绝蹈虚之倾

匡同学，籍贯河北省秦皇岛市，特长爱好是绘画、读书写字、尤克里里、看电影和听音乐，服装与服饰设计专业。2015—2016学年第一学期，匡同学获校级三等奖学金；2015—2016学年第二学期获校级二等奖学金；2016—2017学年第一学期获校级三等奖学金；2016—2017学年第二学期获校级三等奖学金；2017—2018学年第一学期获校级二等奖学金。在吉林工程技术师范学院"服装工程学院模特大赛"中，匡同学获得优秀奖；在吉林工程技术师范学院2016—2017学年"创先争优"活动中表现突出，被评为优秀团干部；在第八届长春市大学生运动会文艺中获演出优秀奖；在吉林工程技术师范学院第三十四届运动会中获优秀志愿者奖；考取化妆师资格证书；获得导师工作室研究专利证书。

人的想法会随着时间的推移和阅历的增长而不断变化。大一之初，匡同学希望能在学生会好好崭露一番头角，可大一还没结束，她便毅然决然地退出了。她说："学生会有很多事要忙，可那种忙碌不是我想要的。"于是她又去体验各种各样的兼职，脚步从未停歇。平时在校园里，她积极参与各种各样的社团活动，也尽力去学每门课程。课余时间，她看自己喜欢的书，偶尔和同学们一起去玩耍。她说："这样的生活在多数人心里可能是美好的，既有目标又有规划，精彩而又充实。可只有自己才知道，我只是在体验，在努力地寻找，不是为了得到什么才去行动，而是正在想方设法地去探索自己想要的方向。幸好一路以来的坚持与感悟，我终于明确了自己的方向。"

她开始着手准备考研。很多人跟她说："才大二，你还有那么多时间，你不用急。"可她心里明白，大一的时候心里想："我才大一，没关系。"可转眼一年都过去了，自己也没什么进展。岁月如梭，白云苍狗，时间其实是过得很快的，所以有了想法就一定要去尽快行动，尽早去实现它。包括斗志在内的许多东西都会被时间消磨，在这一天到来之前，要尽最大的限度地去挑战自己的极限。有的时候，不逼自己一下，你都不知道自己有多大能耐。大二的时候，学业本就比较繁重，她每周却还要出去上补习班，其他时间还要完成老师留的任务。她说："最初想考研真的是心有不甘和名校情结，可如今这么繁忙仍在坚持的原因已经变成了——享受学习的过程。能够多学一些东西丰富自己是一件很有成就感的快乐之事！一想到能认识几千个英文单词，说一口比较流利的英语，能设计出赏心悦目的衣服，就觉得所有的努力和付出都不再那么让人觉得辛苦。"

空闲的时间里，她会去图书馆看看专业相关的或是自己感兴趣的书；在长春这座她仍旧正在熟悉的城市随便走走看看；偶尔跟同学去看一场国粹京剧，感受传统文化经历史沉淀后的魅力；有机会也会跟朋友去东北其他城市走一走，体会不同地方的风土人情。

她学着在繁忙之中寻找快乐，将所经历的一切深藏在她的记忆里。专业课学业占据了平日的大多数时间，在构成基础、服饰图案、服装结构与工艺以及服装时装画技法等课程中，所学的知识更加专业化、复杂化，但她的收获也是颇多。她对专业有了更深层次的认知。同学们为她解决了很多疑问，也教给了她很多的学习方法。从他们身上，她收获了知识与友谊——与老师和同学一起学习、一起进步也是很珍贵的回忆。

她坚持去上英语早读，练习英语口语，认识了很多志同道合的伙伴，听到了很多有趣的故事，学到了更加实用的知识。她说："在偶尔懈怠的时候，想想有那么多人在一直坚持着，更加有了干劲。"

课余时间她去体验兼职。她说："兼职中所收获的东西在学校里是学不到的。"她的老板，程姐，也是一个非常有正能量的人。在她身上，有不安现状的思想、壮志凌云的理想和脚踏实地的做法，她很欣赏并想成为那种的人。除此之外，她也跟着程姐学到了一些墙绘，她觉得有用，也很有趣。

她说："无论学校里的老师同学，还是外出活动认识的朋友，这些人或多或少对我有帮助和影响。正是这些经历和这些人，慢慢塑造了今天的自己。大学几年时间里，无论专业课学习还是其他能力方面自己都有了很多成长变化。这些人中，我尤其要感谢辅导员郭老师。大学之初，郭老师在新生会议上讲话，我坐在下面认真听着，思考着未来的大学生活应当如何经营规划，充实度过。在以后的日子里，我得到了老师和同学们的信任，成了班级的班委，通过处理各种事务，工作能力得到了很多的磨炼和进步，变得更加耐心和细心，做事讲效率、重质量。这些与郭老师的谆谆教诲和言传身教是分不开的。除此之外，老师常常对我说'你要做同学们的表率，要带动身边同学一起学习进步，这是你的责任'，老师说的这些话我都会认真记在心里。相信这些经历在以后的工作生活中都会是宝贵的财富。"

她说："或许每天都只是平凡的一天，但人就是这样一天一天地成长起来的。如同麦穗增长，每天观察也不会有太大的变化。然而它终有成熟的一天。而我也坚信自己会一天比一天变得更好，一年比一年更可爱、更强大。希望在以后的日子里，每每回想起当年都可以发自内心地对自己说一句'不枉少年'。"

第四节

星霜青春立梦想，不竭奋斗抵所向

敫同学，男。他是一个目光长远、意志坚强的人。早在开学之初，他便为自己的大学生涯制订了一套行之有效的计划，并为之不遗余力地挥洒汗水，展现了独属于奋斗的青春岁月里的美丽。

青春的意义何在？青春是用意志的血滴和拼搏的汗水酿成的琼浆，历久弥香；青春是用不凋的希望和不灭的向往编织的彩虹，绚丽辉煌；青春是用永恒的执着和顽强的韧劲筑起的一道铜墙铁壁，固若金汤。而拼搏二字，就成了我们描述青春的代言词。

大学，对于敫同学来说是青春的开始。如果说人生是一本书，那么大学生活便是书中最美丽的彩页；如果说人生是一台戏，那么大学生活便是戏中最精彩的一幕；如果说人生是一次从降生到死亡的长途旅行，那么拥有大学生活的我们，便能够看到最灿烂的风景。进入大学的敫同学，因为严谨认真的性格，他不想每天过着三点一线的生活，于是在大一就加入了学生会，并给自己的大学生涯制订了一套计划，就是为了不荒废他的大学时光。

他学会的第一项事情就是独立生活。以往的学习生活全是父母老师安排好的，他只要照做就行了。而在大学就不一样了，没有父母在他身边，老师也不会时刻提醒他学习，所以进入大学的第一门必修课是学会独立生活，自己打理衣食住行。

刚来到大学的他还是有些茫然的，对待来自天南海北的同学，他不知道应该如何去交流。交友和学习是不一样的。学习只是片面地、单方面地去记住知识，但是交友不同，交友是拿人心对人心。毫无意外，敫同学上大学遇到的第一个挫折就是交友问题。他十分苦恼，身边没有知心的朋友，他只好寻求了高老师的帮助。高老师是一位非常和蔼可亲的老师，平时没有一点老师的架子。高老师热情地接待了他，与他面对面地交谈，慢慢地发现了问题所在。周末的时候，高老师特意组建了一次聚餐，主要目的是促进同学之间的感情。都说"一回生，二回熟"，因为男孩子们豪爽的性格，几杯啤酒下肚大家都成了好哥们、好兄弟。从那次开始，他和寝室的室友成了真正交心的好朋友——这是他在大学学到的第二件事情。

第三件就是尽快适应大学的学习方法。虽然大学的专业课程变得不同了，但是总体来说比高中时候轻松不少。一天两节课上完之后，剩下的时间全由自己安排。所以自学是大学很重要的一个学习方法。关于自学，他经常到图书馆查找资料，在网上搜索自己想要的东西，与同学讨论，请教老师等。在学习上，帮助他最多的就是高数课的张老师了。在张老师的规划下，他每天都坚持练习数学题，就是为了在挂科率很高的高数课上拿到优异成绩。因为他严谨认真与坚持学习的性格，每个老师都记住了他，而且都很喜欢他。张老师对他说，人在何时都不要停止自己学习的本能，这句话对他来说意义非凡。直到今天，这句话依旧深刻地印在他的脑海里。

不过他已经不像高中那样只会埋头学习书本的知识了。在课余时间，他也参加一些有益的文娱活动，如唱歌、下棋、踢足球和打篮球。除了学习书本上面的知识，他也培养很多的兴趣爱好，如集邮、剪贴、书法等。当然，利用课余时间阅读一些书籍也是必不可少的，因为这不仅可以愉悦性情，又可以增长智慧。

他的第四个目标是加入社团，以锻炼自己的能力，结交更多朋友，并且向学长学姐学习一些工作方面的知识。本就已经加入学生会的他，因为自己的努力认真与表现出众，在大二的时候，他就成功竞选上了部长。在竞选过后，他也有些骄傲，做事没有以前那么认真了。一次老师交代给他们部门一个表格工作，但他只是简单地看了一眼就放心地交给部里的学弟学妹做了。后来表格出错，他作为部长受到了老师的严肃批评。之后，他认真写了检讨，并且积极主动向老师承认了错误。那次的教训也给他提了个醒：在未来的道路上，不管是什么事情他都要尽全力去做。

未来敖同学想从事管理工作，这对市场敏感性的要求很强。为了培养自己的市场敏感性，他坚持每天关心周围的事物，做到"家事，国事，天下事，事事关心"。这一年来，他在繁忙的学习之余，努力地完成上级交办的任务，成功地组织并参与了绝大部分系学生活动。在活动中，他协助辅导员老师，组织分团委及学生会的各部门干部，做好分工和协调组织工作。

他是个比较执着的人，一旦认定了就一定要坚持实现。回想今天，在他平凡又有意义的大学生涯里，对他帮助最多的就是老师了，没有老师的帮助，他不可能拥有今天的优异成绩；没有老师的帮助，他不可能明白工作的实质与学习并不相同；没有老师的帮助，他更不可能拥有提前进入社会的经验。总而言之，在他的大学生涯里，老师对他的帮助是必不可少的。挫折也好，苦闷也好，都是人生必须经历的。他从不期望成为一个"伟人"，但是渴望自己能够不断进步，成为一个完整的人。

大学是一个充满才华、学问，同时又充满竞争与挑战的小舞台、小社会。在这里，他得到的不仅是知识，更是人生的宝贵财富。不让青春虚度，在每一天的生活里得到一点收获，坚信付出就有回报，以激情迸发精彩。只有拼搏的青春才算完美。

第五节
筹策四载，擘画未来

　　盛同学，女。在新生入学时，盛同学就比较积极主动，她会帮班助清点新生资料档案、集合时清点人数、帮忙收缴费用等，凭着这股子积极主动的劲儿，她在新生入学结束后被同学们全票投为工程 1441 班班长。随后，她在新生纳新时加入了管理部。整整两年的时间，除了节假日，她每天早上 6 点 10 分到达三教 6 楼检查卫生，风雨无阻。

　　在学校里，对盛同学的职业生涯影响最深的是教服装陈列的方老师。这是一名深入到企业中的老师，以他的经验一直在教导并影响着同学们，让盛同学了解到学生身份转换为职场人后所经常遇到的问题。

　　确实，现如今大学校园生活十分的美好，学生在老师庇护下生活得多姿多彩，可学生们最终是要走出校园，走进社会的。这一过度十分不易，首先要把自己学生的身份剥离，尽快适应职场生活，有困难不要指望有老师和同学们的帮助，要完全靠自己。然后要敢想敢做，千万不要畏手畏脚。经过尝试，你会发现自己比想象中强大得多。最后，不要怕犯错。初入职场免不了会犯一些低级错误。犯错误并不丢脸，一定要直面错误，马上与同事或上级领导沟通，把错误及时改正，以免给公司造成更大的损失。

　　所以，盛同学在假期和空闲时间就在着手物色合适的工作。在大三进入吉林省唯艺文化传播有限公司实习。这是一家集皮具产品研发、设计、生产、销售于一体的公司，和盛同学所学专业对口，大学的知识有用武之地。在单位，盛同学跟着单位的前辈继续专研学习，以她坚毅的品性和出色的工作表现得到了公司领导的认可，实习期过后顺利签订入职合同，并在毕业之际担任经理一职。在职期间，她深受公司领导重视，多次代表公司受邀接受电视台采访，也让她的职业生涯有了一个良好的开端。在这方面，盛同学给同学们做了一个很好的表率。

　　确实，大学不是结束了紧张的高考后享受的金港湾，而是从学生到职场人的角色转换的分水岭。愿同学们都能像盛同学一样，做出最适合自己的选择，并且能够一直坚持，不负青春，不负梦想。

　　盛同学的职业规划从大二就开始了。那一年，机缘巧合，盛同学去了北京师范大学宋博士的讲座上做义工，有幸结识了毕业好久的张学长。张学长一心要把传统文化做好，自己开办了学堂。

　　张学长是她为数不多的敬佩的人。盛同学有时会去学堂逛逛，聊聊天，谈谈自己的忧虑。一来二去两个人就熟悉了，聊了很多心里话。学长也对她说出了自己的苦闷之处:"学堂缺少师资,缺少趣味课程,经费短缺……"盛同学挺身而出,说干就干。她简单地把一间教室装成了她想要的画室的模样,每一张壁纸都是亲力亲为。她买教具,备课,印小广告,联系厂家做招牌。设计不出来想要的效果,她就自己设计。通过一系列努力过后,学堂终于招上来了第一个学生,这也是她创业路上前进的一大步。

虽然学堂最终没能维持下去,但在这期间,他结识了很多在她这个年龄段本结识不上的人,也去了很多地方,这可能就是她开办画室期间最大的收获。在办画室的同时,她没有停止对未来的思考。在这期间,她还结识了皮革工艺大师郭威先生,后来他成为她的师父。

大二下学期的寒假,商场做新年活动,她凭借师父的公司作后盾,得以和民间艺术家们一起做手工艺品。剪纸、龙凤字、手工串珠、中国结、软陶工艺、葫芦络画,都是以前在书上和电视上看到的东西。这个假期过得充实,做包、卖包、和老艺人交流学习,这种实战经验真是在学校里学不到的。除了增长见识,盛同学学得更深入的是人际交往。这个寒假,她接触了形形色色的人。虽然天寒地冻,但是她的内心似火烧,总有使不完的劲儿。她觉得传统手工艺这个行业是适合她的。

到了大三,盛同学已经开始学校和单位两头跑。在学校时,她担任着分团委副书记的职位,在职场上,她分管着几个店面。临近毕业,她在经验分享会上对学弟学妹们说:"祝愿所有未毕业和已毕业的同学们能够跟着心走,走出自己的路。祝所有人,不忘初心,知归途。"